Zink | Ötzi. 100 Seiten

* Reclam 100 Seiten *

Albert Zink

Ötzi. 100 Seiten

Reclam

Umschlaggestaltung: ZERO Werbeagentur, München
Umschlagabbildung: FinePic®, München
Infografiken (S. 34 f., 70, 72 f.): Golden Section Graphics GmbH, Berlin
Bildnachweis: S. 7 © Wikimedia Commons / Sibeaster; S. 9 © Südtiroler Archäologiemuseum / EURAC / Marco Samadelli / Gregor Staschitz; S. 41 © Südtiroler Archäologiemuseum / EURAC / Marco Samadelli / Gregor Staschitz; S. 44 © Südtiroler Archäologiemuseum, Foto: Ochsenreiter; S. 48 © Südtiroler Archäologiemuseum; S. 51 © EURAC; S. 68 © Abteilung Radiologie/Zentralkrankenhaus Bozen; S. 92 © Südtiroler Archäologiemuseum / EURAC / Marco Samadelli
Gesamtherstellung: Reclam, Ditzingen. Printed in Germany 2016
RECLAM ist eine eingetragene Marke
der Philipp Reclam jun. GmbH & Co. KG, Stuttgart
ISBN 978-3-15-020419-1

Auch als E-Book erhältlich

www.reclam.de

Für mehr Informationen zur 100-Seiten-Reihe:
www.reclam.de/100Seiten

Inhalt

Eine unscheinbare Handverletzung

Als sich Erika und Helmut Simon aus Nürnberg am 19. September 1991 zu einer Bergtour in die Ötztaler Alpen aufmachen, ahnen sie noch nicht, welches außergewöhnliche Ereignis ihnen bevorsteht. Der Fund, den sie an diesem Tag machen werden, wird das Leben des Ehepaars auf den Kopf stellen – und es in kürzester Zeit zu einer weltweiten Berühmtheit bringen: Der per Zufall gefundene Leichnam, zunächst als verunglückter Wanderer oder Bergsteiger interpretiert, gilt heute als eine der ältesten und bekanntesten Mumien. Sie fasziniert Menschen auf der ganzen Welt und liefert immer wieder neue Erkenntnisse zum Leben und Sterben unserer Vorfahren.

Viele Namen wurden der männlichen Mumie im Laufe der Jahre gegeben, vom »Mann vom Hauslabjoch« über »Homo tyrolensis« bis hin zum vermeintlich komischen »Frozen Fritz«. Durchgesetzt haben sich die neutraleren Bezeichnungen »Mann aus dem Eis« und – für den internationalen, englischsprachigen Raum – »Iceman«. Am bekanntesten ist er aber wohl unter seinem Spitznamen, der ihn zugleich vom unangenehmen Beigeschmack eines mumifizierten Leichenfundes befreit: Der österreichische Journalist Karl Wendl kombinierte kurzerhand den Fundort Ötztal mit »Yeti« zu »Ötzi«.

Anfang 2003, fast zwölf Jahre nach seiner Auffindung, kam ich zum ersten Mal mit Ötzi in Kontakt. Schon viele wichtige wissenschaftliche Erkenntnisse waren damals um ihn errungen worden und mindestens genauso viele mysteriöse Geschichten rankten sich um seinen Tod, von möglichen Wiedergeburten bis hin zu dem unvermeidlichen Fluch der Mumie. Auch mich hatte diese Faszination sehr früh gepackt – und sie hatte mich dazu getrieben, die Anthropologie als Hauptfach in meinem Biologiestudium zu wählen. Anthropologen beschäftigen sich unter anderem mit menschlichen Überresten, also mit historischen Skelettfunden und eben auch mit Mumien. Die Gespräche mit dem damaligen Dozenten in München, Franz Parsche, der später auch mein Betreuer und Mentor werden sollte, taten ihr Übriges. Er erzählte von Ausgrabungen in Ägypten, an denen er teilgenommen hatte, und vom unmittelbaren Kontakt mit den einbalsamierten Verstorbenen sowie deren beeindruckenden Grabanlagen und erzeugte damit in mir den unabdingbaren Wunsch, in diese Welt einzutauchen: Ich wollte selbst Mumienforscher werden. Nun ist Mumienforschung oder »Mumiologie« kein eigenständiges Fach. Aber ich nutzte jede noch so kleine Gelegenheit, die sich mir im Rahmen meines Studiums bot, um mich mit Mumien zu befassen. Meine Leidenschaft sollte mich um die halbe Welt führen. Südamerikanische Mumienfunde untersuchte ich in der Diplomarbeit, anschließend ging es nach Ägypten, wo ich bei Grabungen des Deutschen Archäologischen Instituts in Kairo erste Erfahrungen in der Untersuchung von altägyptischen Mumien sammeln wollte. Die Zusammenarbeit mit den Archäologen vor Ort und die Einblicke in die Grabstrukturen, die Grabbeigaben, die religiösen Hintergründe der Bestattungen und die Bedeutung der Mumifizierung machten mir bald klar, wie wichtig eine fachübergreifende Kooperation mit anderen Experten ist, um die Funde in ihrer gesamten Bedeutung zu erfassen. Doch es sollte noch einige Jahre dauern, bis es mich vom heißen Wüstensand in die kühlen Ötztaler Alpen zog.

2003, nach Jahren der Beschäftigung mit ägyptischen Mumien, brachte mich nun also der Zufall mit Eduard Egarter-Vigl zusammen. Egarter-Vigl hatte keine geringere Aufgabe zu bewältigen, als Ötzis Leichnam zu konservieren und die wissenschaftlichen Untersuchungen an ihm zu koordinieren. Ötzi war unterdessen umgezogen, von Innsbruck nach Bozen. Im eigens gegründeten Südtiroler Archäologiemuseum installierte man ein komplexes und ausgetüfteltes Konservierungssystem, das dem Mann aus dem Eis bis heute die gewissermaßen gewohnte Umgebung bietet – und nicht nur das: die kühle und feuchte Atmosphäre garantiert, dass auch zukünftige Forschergenerationen ihre Freude an der Mumie haben werden und auch noch unsere Ur-Enkel durch das kleine Fenster gebannt auf die Mumie werden blicken können.

Über »Ötzis Leibarzt«, wie Egarter-Vigl gerne genannt wurde, kamen wir an eine kleine Gewebeprobe von der rechten Hand der Gletschermumie. An eben dieser Stelle zwischen Daumen und Zeigefinger klaffte eine tiefe Wunde, die man bis zu diesem Zeitpunkt noch nicht entdeckt hatte. Mag sein, dass man sie bis dahin als einen einfachen Riss abgetan hatte, bei der Bergung der Mumie entstanden oder dem Trocknungsprozess zuzuschreiben. Ohne Zweifel: das Hauptaugenmerk hatte bis dato auf dem Rumpf der Mumie, weniger auf den Extremitäten oder gar den Händen gelegen. Dazu kam, dass man erst knapp zwei Jahre zuvor eine Pfeilspitze im Körper gefunden hatte. Die etablierte Theorie zu Ötzis Ableben war mit diesem

Überraschungsfund natürlich dahin, war man doch bis dahin der Meinung gewesen, der Mann aus dem Eis wäre nach einem beschwerlichen Aufstieg, und, möglicherweise vom Weg abgekommen, aus Erschöpfung eingeschlafen und schließlich erfroren. Die 2001 durch den Bozner Radiologen Paul Gostner entdeckte Pfeilspitze legte aber nun einen gewaltsamen Tod nahe: Pfeilschuss in den Rücken.

Diese Vermutung sollte nun also durch weitere Indizien gestützt werden – und da kommt die Handverletzung ins Spiel, die wir zu untersuchen hatten. Handelte es sich um eine frische Wunde oder möglicherweise doch um eine ältere Schnittverletzung? Kurz: Konnte, ja musste man die Wunde mit Ötzis Ableben in Verbindung bringen?

Was folgte, war eine etwas aufwendige Prozedur: Wir ließen das Gewebestück aus der Handwunde zunächst aufquellen – ein von uns mitentwickeltes Verfahren. Anschließend legten wir die Probe unter das Mikroskop, um sie histologisch, sprich feingeweblich, zu analysieren. Mit Hilfe verschiedener Färbeverfahren und nanotechnologischer Methoden konnten wir schlussendlich den Nachweis erbringen, dass die Handwunde nicht frisch war, sondern dass Ötzi sie bereits mindestens drei bis vier Tage vor dem Ableben erlitten haben musste. Eine wichtige Erkenntnis, zweifellos. Anlass zu Enttäuschung gab es mit diesem Ergebnis keineswegs! Spekulationen waren nun Tür und Tor geöffnet: War der Gletschermann womöglich einige Tage vor seinem Tod in einen Konflikt involviert gewesen, der ihn dazu veranlasst hatte, sich ins Hochgebirge zurückzuziehen? Ein wahrer Krimi tat sich vor dem inneren Auge auf, und so schlug die Meldung um die Handverletzung nicht allein in der Wissenschaft, sondern auch in der Öffentlichkeit hohe Wellen. Auch mir wurde zu diesem Zeitpunkt zum ersten Mal die wahre Bedeutung der Gletschermumie bewusst.

Ötzi ist ein seltener Glücksfund, die älteste bekannte Mumie Europas, eine der wenigen Eis- oder Gletschermumien überhaupt, auf natürlichem Weg mumifiziert und nur durch den Umstand erhalten geblieben, dass sie durch eine Felsrinne vor den zerstörerischen Kräften der Gletscherbewegungen geschützt war. Im Gegensatz zum alten Ägypten oder auch einigen Kulturen in Südamerika gab es im europäischen Raum keine lang zurückreichende Tradition der Mumifizierung. Erst in der Neuzeit entwickelte sich ein vergleichbares Phänomen in Südeuropa und im Besonderen in Sizilien, als man erkannte, dass es aufgrund des günstigen trockenen und warmen Klimas im Milieu von Grüften und Katakomben zu einem Erhalt der Körper kommen konnte. Besonders beeindruckende Beispiele finden sich in den Katakomben der Kapuzinergruft in Palermo, in der etwa 1800 Mumien in Särgen und Nischen liegen oder an Wänden hängen; sie wurden überwiegend auf natürlichem Wege mumifiziert oder in den letzten 50 bis 100 Jahren vor Schließung der ungewöhnlichen Grabstätte mit Hilfe von Schwermetalllösungen und später durch die Verwendung einer noch heute gebräuchlichen formalinhaltigen Lösung konserviert.

Wir machten uns nun also auf die Suche nach weiteren Belegen für gewalttätige Konflikte, die Ötzis Tod vorausgegangen waren. Bald sollten wir den Nachweis dafür erbringen, dass die Pfeilschussverletzung tatsächlich tödlich war (die Eintrittsstelle am Rücken wies keinerlei Anzeichen einer Heilungsreaktion auf!). Auch diesen Erfolgen mag man es zu verdanken haben, dass auf Initiative des Konservierungsbeauftragten und der Verantwortlichen der europäischen Akademie (EURAC) in

Bozen und mit tatkräftiger Unterstützung der Provinz Bozen und der lokalen Sparkassenstiftung letztlich ein eigenes Forschungsinstitut gegründet wurde. Es sollte die Forschung rund um den Ötzi koordinieren und neue Forschungsansätze entwickeln – ein Gewinn für die Mumienforschung und auch mein persönlicher Glücksfall. Ich wurde der Leiter des Instituts für Mumien und den Iceman. Nach vielen Jahren war ich also am Ziel, war hauptamtlicher Mumienforscher und dazu noch für eine der außergewöhnlichsten und interessantesten Mumien, die es überhaupt gibt, zuständig. Weiterhin untersuchte ich aber auch andere Mumienfunde, aus verschiedenen Kulturen und Zeitstellungen: von den großen ägyptischen Pharaonen Tutanchamun und Ramses III., deren verwandtschaftliche Beziehungen, Krankheiten und Todesursachen ich erforschte, bis hin zur wohl bekanntesten Mumie aus den Katakomben Palermos, die im Alter von nur zwei Jahren verstorbene und außergewöhnlich gut erhaltene Rosalia Lombardo.

Im Juli 2007 ging es in Bozen los – und endlich bekam ich Gelegenheit, Ötzi persönlich gegenüberzutreten. Im Sicherheitsbereich des Südtiroler Archäologiemuseums liegt der Zutritt zur Kühlkammer des Mannes aus dem Eis, in der alle Untersuchungen und die regelmäßigen Konservierungsbehandlungen und Inspektionen durchgeführt werden. Es ist zugleich der Raum, in den die Besucher durch ein kleines Fenster auf die Mumie blicken. Zunächst hüllt man sich in OP-Kleidung mitsamt Kopfbedeckung, Mundschutz und sterilen Handschuhen, ehe man den Raum über eine Schleuse betritt. Die sterile Kleidung dient ausschließlich dem Schutz der Mumie vor Verunreinigung durch Keime, Pilzsporen und andere biologische Spuren. Die kalte, etwas steril wirkende Atmosphäre des Kühlbereichs tut der Faszination, die Ötzi ausstrahlt, kei-

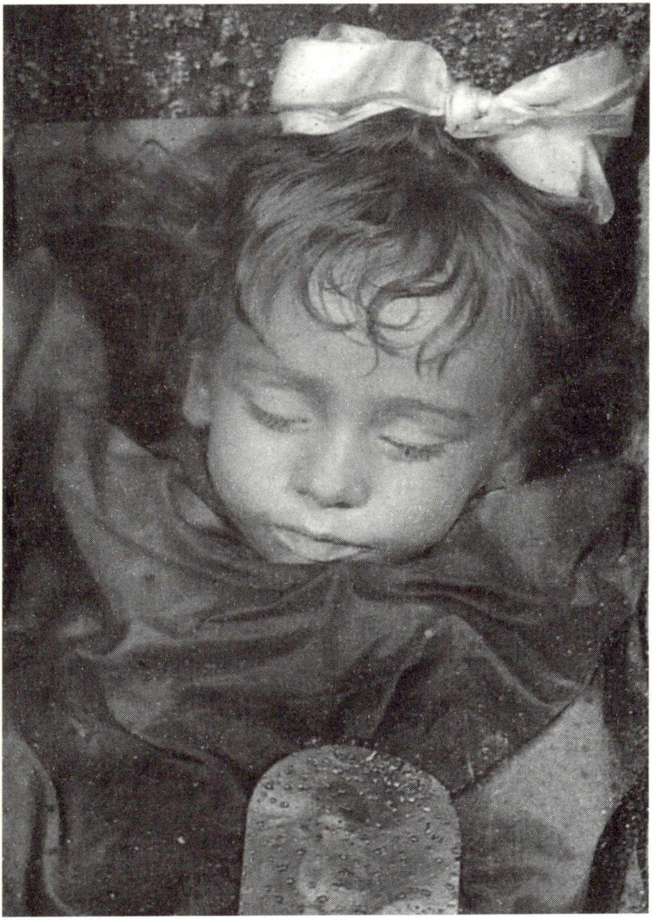

Die wohl schönste Mumie der Welt: die im Alter von nur zwei Jahren verstorbene Rosalia Lombardo. Palermo, Sizilien.

nen Abbruch: Als ich den Raum 2007 zum ersten Mal betrat, war ich geradezu elektrisiert vom Erscheinungsbild der Mumie, die ich schon so oft auf Bildern, in Zeitschriften und Fernsehdokumentationen gesehen hatte. Ötzi unterscheidet sich stark von den anderen Mumien, denen ich bis dahin begegnet war. Man erkennt sofort den unglaublich guten Erhaltungszustand, trotz der Beschädigungen im Bereich der linken Hüfte, und man erahnt, wie elastisch und weich seine Körperoberfläche im nicht gefrorenen Zustand noch sein musste – ganz anders als bei den durch Salz ausgetrockneten ägyptischen Mumien oder bei den auf natürlichem Weg getrockneten Kirchen- und Gruftmumien.

Die Körperhaltung ist ungewöhnlich: Der linke Arm liegt quer über dem Körper und steht unterhalb des Kinns zur Seite hin ab; der rechte Arm ist leicht abgewinkelt und die Finger sind so gekrümmt, als hielten sie etwas in der Hand. Diese Körperhaltung manifestiert geradezu den mittlerweile bewiesenen unnatürlichen Tod: Der Moment des Todes, gebannt für die Ewigkeit. Über 5000 Jahre hat Ötzi infolge der natürlichen Mumifizierung in den Bergen überdauert. Die Oberlippe ist nach oben gedrückt und die Augen fehlen, was der Mumie einen etwas leeren Gesichtsausdruck, aber gleichzeitig auch etwas Geheimnisvolles verleiht. Denn unmittelbar beginnt man sich zu fragen: Wer war dieser Mann aus dem Eis, der vor so langer Zeit in dieser Gegend gelebt hat? Wie waren seine Lebensbedingungen, hatte er eine Familie, war er ein Anführer oder ein einfacher Schäfer, und warum und von wem wurde er getötet?

Ich machte es mir zur Aufgabe, mit Hilfe wissenschaftlicher Methoden nach Antworten auf diese Fragen zu suchen – wohl wissend, dass wir vielerorts an Grenzen stoßen würden und

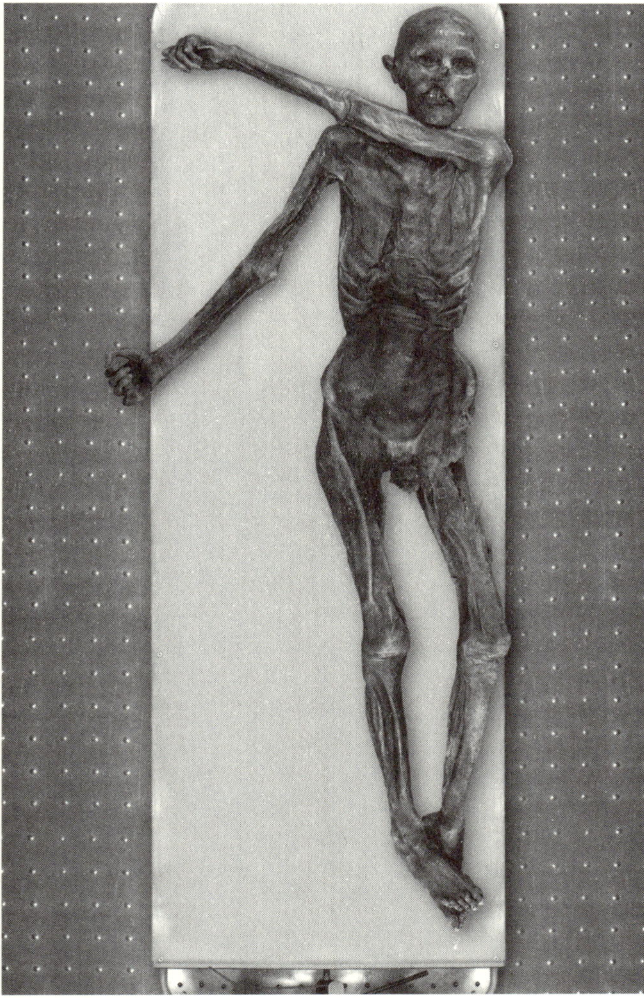

dass manches für immer im ewigen Eis verborgen bleiben würde. Wie ausgereift unsere Untersuchungsmethoden auch werden: Wir werden wohl nie erfahren, wie Ötzis Charakter war, wie er gefühlt und gedacht hat, ob er an etwas geglaubt hat und wie er sich das Jenseits vorgestellt hat. Nichtsdestotrotz ist man sich als Mumienforscher darüber im Klaren, dass man vor sich einen Menschen liegen hat, der einmal gelebt, geliebt und gelitten hat. Auch wenn man das im täglichen Umgang mit Mumien natürlich ausblendet und sich auf die wissenschaftliche Arbeit konzentriert, garantiert dieses Bewusstsein einen würdevollen und respektvollen Umgang mit den konservierten Toten. Daher prüfen wir bis heute in jedem Fall genau, ob Fragestellung und Durchführbarkeit einer Studie die Entnahme einer Gewebeprobe, sei sie auch noch so winzig, rechtfertigen. Dabei ist der würdevolle Umgang mit dem Toten freilich nur ein Aspekt. Ötzi ist für uns heute ein wichtiger Zeuge seiner Zeit, der Erhalt der Mumie steht daher an oberster Stelle, denn: Auch nachfolgende Forschergenerationen sollen ihm noch viele Geheimnisse entlocken.

Vom verunglückten Bergsteiger zur Weltsensation

Protokoll einer Entdeckung

Mittwoch, 18. September 1991: Erika und Helmut Simon sind im Südtiroler Hochgebirge unterwegs und steigen auf den prominenten Gipfel des Similaun. In der Similaunhütte freunden sich die beiden mit einem österreichischen Ehepaar an. Man fasst den Plan, am Folgetag gemeinsam die Finailspitze zu erklimmen.

Sonntag, 19. September 1991: Der am Vorabend gefasste Plan wird von bestem Bergwetter begrüßt und so starten die vier munter ihre Tour. Beim Abstieg trennen sich ihre Wege und das Ehepaar Simon macht sich auf den Rückweg zur Similaunhütte, um von dort zum Vernagter Stausee, dem Ausgangspunkt ihrer Bergtour, abzusteigen – allerdings nicht auf der üblichen Route.

13.30 Uhr: Die beiden stoßen auf ein aus dem Eis ragendes Gebilde. Erst auf den zweiten Blick erkennen sie darin einen menschlichen Körper. Ihre Theorie: ein vermutlich erst kürzlich durch unglückliche Umstände ums Leben gekommener

Bergwanderer. Sie steigen zur Similaunhütte ab und melden den Fund dem Hüttenwirt Markus Pirpamer, der sich unmittelbar darauf mit den Polizeidienststellen in Verbindung setzt – da die Fundstelle in der Nähe der Grenze zwischen Österreich und Italien liegt, sind dies sowohl die Carabinieri im nahe gelegenen Schnals als auch die Gendarmerie im österreichischen Sölden. Man verständigt sich, dass die österreichische Polizei die Bergung vornehmen solle.

Die Bergung in immerhin 3210 m Höhe wird von schlechtem Wetter erschwert und verläuft ausgesprochen unglücklich. Sie zieht sich über fünf Tage hin und am Ende kann die Leiche nur durch den Einsatz von Eispickeln, Skistöcken und einen mit Pressluft betriebenen Schrämhammer langsam aus dem Eis befreit werden. Der Körper des Toten und einige Dinge, die er bei sich trägt, werden dabei beschädigt.

Montag, 23. September 1991: Der Körper des Mannes kann endlich mit einem Hubschrauber abtransportiert werden. Er wird zunächst in die Gerichtsmedizin der Universität Innsbruck gebracht.

Rätselraten in Innsbruck

Noch heute sieht man der Mumie die Folgen der nicht gerade sachgemäßen Bergung an: am linken Gesäß und Oberschenkel fehlt ein großer Teil des Weichgewebes. Radiologische Untersuchungen zeigten deutlich, dass der Oberarmknochen bei der Bergung gebrochen wurde. Dennoch muss man den beteiligten Einsatzkräften zugutehalten, dass sie zum Zeitpunkt der Bergung nicht ahnen konnten, dass es sich nicht um eine gewöhnliche Gletscherleiche handelte, sondern um einen der bedeutendsten Mumienfunde weltweit.

Dass man tatsächlich nicht um die Bedeutung und das hohe Alter des Fundes wusste, belegen die Aussagen des Gerichtsmediziners Rainer Henn, der bei der Bergung noch gehofft hatte, den Toten anhand eines Reisepasses oder Eherings identifizieren zu können. Erst später, im Sektionssaal der Gerichtsmedizin, fielen ihm und seinen Kollegen die doch sehr merkwürdigen Fundstücke auf, wie beispielsweise ein kleines Messer mit einer Steinklinge. Dies veranlasste den Gerichtsmediziner, einen Experten hinzuzuziehen. Die Wahl fiel auf den Professor für Ur- und Frühgeschichte Konrad Spindler. Dieser Kontakt sollte die entscheidende Wende in der Fundgeschichte darstellen und den Weg zur langfristigen Erhaltung und Erforschung der Gletschermumie ebnen.

Bei der Inaugenscheinnahme des Fundkomplexes am Morgen des 24. Septembers 1991 legte sich Konrad Spindler unvermittelt auf ein Alter von mindestens 4000 Jahren fest. Ausschlaggebend für diese Einschätzung waren ein Beil mit einer Metallklinge und das Messer mit der Feuersteinklinge: klare Indizien für eine Datierung in die Urgeschichte. Damit war die Sensation perfekt: die vermeintliche Gletscherleiche war eine Mumie, die seit mindestens 4000 Jahren im Eis und Schnee verborgen war und nur durch äußerst glückliche Umstände entdeckt und auch erhalten wurde. Eine gerichtsmedizinische Obduktion war damit vom Tisch, denn aufgrund des lange zurückliegenden Todesfalls handelte es sich nicht mehr um einen kriminalistisch relevanten Fall.

Bei späteren Untersuchungen von Gewebe- und Knochenproben mit der Radiokarbonmethode, durchgeführt in renommierten Laboren in Oxford und Zürich, konnte die Zeitstellung genauer festgestellt, die Mumie sogar noch weiter zurückdatiert werden: auf einen Zeitbereich von 3350 bis 3100 vor Christus. Die Kunde von dem sensationellen Fund verbreitete sich schnell über die Medien, aber auch in Fachkreisen horchte man auf und es entstand ein Interesse an der Erforschung der Mumie. Auch die Innsbrucker Wissenschaftler erkannten die Bedeutsamkeit des Fundes und unternahmen erste Schritte, den Mumienfund zu konservieren und zu untersuchen. Die Fundstelle wurde genauestens archäologisch untersucht, initiiert bereits am Tag nach der offiziellen Bergung durch Konrad Spindler: er beantragte den Transport per Hubschrauber zur Fundstelle und setzte sich mit einem Team von Glaziologen der Universität Innsbruck in Verbindung. Der Anflug zur Fundstelle musste allerdings aufgrund schlechten Wetters verschoben werden, so dass die Innsbrucker Glaziologen zunächst selbstständig die Fundstelle erkundeten und ohne Beisein von Archäologen weitere Fundstücke bargen: Neben diversen Blättern und Fell- und Lederresten fanden sie einen Köcher, der noch mit Pfeilen gefüllt war. Sie nahmen die gefundenen Gegenstände mit sich zurück nach Innsbruck und übergaben diese tags darauf Konrad Spindler. In den nächsten Tagen folgten weitere Begehungen von Südtiroler wie auch österreichischer Seite, wobei weitere Teile der Ausrüstung und Kleidung Ötzis aufgelesen wurden.

Wem gehört Ötzi?

Als sich nun die Bedeutung des Fundes immer klarer abzeichnete, wurde allmählich die Frage aufgeworfen, auf welcher Seite der österreichisch-italienischen Grenze die Mumie überhaupt gefunden wurde. Die Klärung brachte eine Nach-Vermessung des Grenzverlaufs durch die italienischen und österreichischen Behörden und diese ergab, dass der Fundort exakt 92,56 m von der österreichischen Grenze entfernt auf dem Hoheitsgebiet der Autonomen Provinz Bozen lag (die natürliche Wasserscheide, die im Staatsvertrag von St. Germain-en-Laye zwischen der Republik Österreich und den Alliierten sowie den assoziierten Mächten im Jahr 1919 als Grenzverlauf vereinbart worden war, verläuft kurioserweise an dieser Stelle der Ötztaler Alpen nicht am damals auf dem Papier vermuteten Ort – zum Zeitpunkt der Grenzfestlegung am Tisenjoch war diese Wasserscheide unter den Gletschermassen verborgen gewesen).

Somit war von offizieller Seite geklärt, dass Ötzi nach Südtirol gehörte, und dennoch sollte er noch einige Jahre in Innsbruck verweilen, da es damals in Bozen noch keine entsprechende wissenschaftliche Einrichtung und auch kein Archäologiemuseum gab, das sich der Mumie fachgerecht hätte annehmen und für ihre Konservierung hätte Sorge tragen können. Es wurde vertraglich vereinbart, dass die Mumie zunächst für wissenschaftliche Untersuchungen an der Universität Innsbruck verbleiben und dass eine archäologische Aufarbeitung der Fundstelle durch das Institut für Ur- und Frühgeschichte der Universität Innsbruck erfolgen sollte.

Archäologen am Werk

Zwei Wochen nach dem Auffinden der Mumie kam es zur ersten archäologischen Untersuchung der Fundstelle, geleitet von Andreas Lippert, dem damaligen Vorsitzenden des Instituts für Ur- und Frühgeschichte. Mittlerweile war sehr viel Neuschnee gefallen, und die Archäologen mussten sich durch hohe Schneemassen kämpfen und eine fast 1 Meter dicke Eisschicht in der Felsmulde mühsam abschmelzen. Dennoch gelang ihnen eine erste genauere Vermessung der Fundstelle; auch die verschiedenen Ausrüstungsgegenstände und die Kleidung Ötzis wurden vermessen, und man entdeckte die Grasmatte, die der Mann aus dem Eis als Mantel oder als eine Art Multifunktionsmatte mit sich geführt hatte. Aufgrund des problematischen Wetters brach man die erste archäologische Untersuchung nach drei Tagen ab und plante für den darauffolgenden Sommer eine ausgiebige Ausgrabung.

Im Juli 1992 erging – auf Anfrage des inzwischen in Innsbruck neu gegründeten Instituts für Alpine Vorzeit – von der Landesregierung in Bozen ein Auftrag an das eigene Amt für Bodendenkmäler, eine Grabung an der Fundstelle durchzuführen. Man einigte sich darauf, die Arbeit gemeinsam mit der Universität Innsbruck umzusetzen, und betraute Andreas Lippert, der inzwischen nach Wien gewechselt war, mit der Leitung der Grabung. Die archäologischen Arbeiten führten zu einer genauen topographischen Erfassung der Fundsituation und zur Auffindung weiterer bedeutender Fundstücke, wie beispielsweise der Bärenfellmütze Ötzis und der bei der Bergung im Vorjahr abgebrochenen Spitze des Bogens. Nun war es möglich, die genaue Fundlage zu rekonstruieren. Darüber hinaus wurden zahllose Fell- und Lederreste und weitere Ausrüstungsgegenstände geborgen. Die Forscher nutzen die Gelegenheit auch, um verschiedene Boden- und Eisproben, vor allem für pollenanalytische Untersuchungen durch Paläobotaniker, zu nehmen. Wie gründlich die Experten dabei vorgingen, zeigte sich unter anderem darin, dass in dem gefilterten Schmelzwasser sogar noch ein Fingernagel des Mannes aus dem Eis ausgemacht werden konnte. In den darauffolgenden Jahren wurden noch weitere Fundstücke entdeckt, wie beispielsweise Fragmente der Birkenrindenbehälter oder von Ötzis Rückentrage.

Insgesamt muss man es als außerordentlichen Glücksfall ansehen, dass der Fundkomplex durch die sorgfältigen archäologischen Nachuntersuchungen und Ausgrabungen so umfassend geborgen und damit gerettet werden konnte. Natürlich wurden Stimmen laut, welche die zunächst unsachgemäße Bergung der Gletschermumie und der Ausrüstungs- und Kleidungsgegenstände durch die Gerichtsmediziner heftig kritisierten. Aus heutiger Sicht ist es leicht, rückblickend zu postulieren, man hätte die Bedeutung und das Alter des Fundes wesentlich schneller erkennen und entsprechende Schritte einleiten müssen. In der Tat hätte man bei einer sofort eingeleiteten fachmännischen Bergung des Ötzi und seiner Ausrüstung einigen Schaden verhindern können, und vermutlich wären einige Fundstücke vollständiger und in einem besseren Zustand erhalten geblieben. Dennoch muss man die Einzigartigkeit dieses Fundes berücksichtigen, mit dem schlicht niemand rechnen konnte, und die selbst Fachleute lange daran zweifeln ließ, dass hier wirklich ein Mann gefunden wurde, der vor über 5000 Jahren im alpinen Raum gelebt hatte. Als kleiner Nebeneffekt ist es Ötzi somit zu verdanken, dass in der Öffentlichkeit das Bewusstsein für archäologische Funde wuchs. Heutzutage würde wohl niemand mehr auch nur das kleinste archäologische Fundstück, wie beispielsweise eine Pfeilspitze oder eine antike Münze, einfach ignorieren oder gar eine mumifizierte Leiche ohne Weiteres als verunglückten Bergsteiger abtun.

Die 10 größten Ötzi-Kuriositäten

Platz 1 Ötzi war schwul
Ein österreichisches Schwulenmagazin setzte das Gerücht in die Welt, in Ötzis Darmausgang seien Spermien nachgewiesen worden – vermutlich als Aprilscherz. Es verbreitete sich rasant.

Platz 2 Ötzi ist wiedergeboren
Die Autorin des Buchs »Ich war Ötzi«, Renate Spickermann, sieht sich als Reinkarnation Ötzis.

Platz 3 Ötzi ist eine Fälschung
Michael Heim und Werner Nosko spekulieren in ihrem Buch »Die Ötztal Fälschung«, Ötzi sei in Wahrheit eine Pharaonenmumie, eine Moorleiche oder eine Hocker-Inkamumie, die nur am Similaun abgelegt worden sei.

Platz 4 Ötzi ist ein Kastrat
Bei den ersten Inspektionen der Mumie hatte man den Penis übersehen ...

Platz 5 Mit Ötzi kann man kommunizieren
Parapsychologen berichten von einer Kontaktaufnahme mit Ötzis weiterentwickelter Seele mit Hilfe von instrumenteller Transkommunikation.

Trotz der erhöhten Aufmerksamkeit von Wanderern, Bergsteigern, Bergrettung und Einsatzkräften ist in den letzten 25 Jahren in den Alpen kein vergleichbarer Fundkomplex entdeckt worden. Selbstverständlich gibt es andere sehr spannende Funde, wie zum Beispiel die Kleidungs- und Ausrüstungsgegenstände, die am Schnidejoch in den Berner Alpen gefun-

Platz 6 Ötzi = Antoine de Saint-Exupéry
Einige glaubten in Ötzi einen vermissten Verwandten oder eine berühmte Persönlichkeit zu erkennen, wie z. B. den Autor Antoine de Saint-Exupéry.

Platz 7 In New Mexico lebt ein direkter Nachfahre Ötzis
Der Kunstlehrer Petr Jandáček aus Los Alamos in New Mexico sieht sich als direkten Nachkommen Ötzis und rekonstruiert seine Lebensumstände.

Platz 8 Eine Anschlagsdrohung
Als Ötzi noch in Innsbruck aufbewahrt wurde, drohte eine unbekannte Gruppe mit einem Anschlag – für den Fall, dass Ötzi nach Italien ausgeliefert würde.

Platz 9 Vermarktung: Ötzi-Pizza bis Iceman Boots
Ötzi überall: Ötzi-Pizza, Ötzi-Briefbeschwerer, »Vitara-Ötzi« (ein Offroad Auto der Marke Suzuki) und spezielle Winterschuhe, die »Iceman Boots«.

Platz 10 Der Ötzi-Fluch
Der Tod des Finders Helmut Simon, weiterer bei der Bergung beteiligter Personen und einiger Wissenschaftler ließ Spekulationen über einen Fluch des Ötzi aufkommen.

den wurden und die in ihrer Machart und in der Zeitstellung den Materialien von Ötzis Habe sehr nahekommen. Zum Bedauern der Schweizer Kollegen fehlt aber bislang eine entsprechende Gletschermumie – dabei hätte man schon einen Namen: »Schnidi«. Aus wissenschaftlicher Sicht wäre ein weiterer Mumienfund in den Alpen hochinteressant und äußerst wünschenswert, da sich damit vergleichende Untersuchungen hinsichtlich der Mumifizierung, der Lebens- und Krankheitsumstände und möglicher verwandtschaftlicher Beziehungen durchführen und damit unser Wissen rund um unsere eigene Vorgeschichte weiter vertiefen ließe.

Kälteschlaf im Museum

Von Schnee bedeckt – oder eben das gerade nicht?

Die Konservierung des Mannes aus dem Eis stellt vor dem Hintergrund der Besonderheit von Fundsituation und Mumifizierungsart eine besondere Herausforderung dar. Man kann davon ausgehen, dass er, in 3210 m Höhe auf natürliche Weise mumifiziert, über den größten Teil der 5000 Jahre von Schnee und Eis bedeckt war, möglicherweise unterbrochen von Perioden, in denen der Körper ausaperte und die Einwirkung von Sonne und Wind seine Austrocknung begünstigte. Trotz jahrelanger Forschung ist es bislang nicht gelungen, die Mumifizierung des Mannes aus dem Eis in Gänze und im Detail zu erklären; noch immer kursieren unter den Wissenschaftlern divergierende Theorien: Wurde der Körper rasch nach dem Tod von Schnee bedeckt, und war er über die tausende von Jahren durch die stetige Kälte und Trockenheit einer Art Gefriertrocknungsprozess ausgesetzt? Oder lag er zunächst frei an der Oberfläche oder im Schmelzwasser, wurde durch Sonne und Wind ausgetrocknet und erst später von Schnee und Eis bedeckt?

Um über den Verlauf der Mumifizierung Aufschluss zu erlangen, ist es nötig, die Mumie genauer zu betrachten. Auch wenn der Mann aus dem Eis im Hochgebirge gestorben ist, handelt es sich nicht um eine typische Eis- bzw. Gletscherleiche: Normalerweise kommt es bei Leichen, die in einem feuchten Milieu, wie beispielsweise Wasser oder auch Eis, bei relativ geringem Sauerstoffgehalt über längere Zeit lagern, zu einer sogenannten Fettwachsbildung. Dabei handelt es sich um eine chemische Umwandlung des Körperfetts in eine wachsartige Substanz, die auch als Leichenlipid bezeichnet wird. Eine ausgedehnte Fettwachsformation kann sich über mehrere Jahre hinweg ausbilden und sämtliche Weichgewebe und Organe einer Leiche betreffen. Bei Gletschermumien hingegen sind gleichzeitig einwirkende weitere Faktoren zu berücksichtigen, wie beispielsweise Luftzufuhr, Wasserentzug und Sonneneinstrahlung, die eine Austrocknung des Körpers begünstigen und somit den Prozess der Fettwachsbildung verlangsamen bzw. stoppen können. In Abhängigkeit davon, wie frühzeitig die Austrocknung einsetzt, werden derartige chemische Umbauprozesse verhindert, so dass sich Weichgewebe länger hält, wie es für Mumienfunde bezeichnend ist.

Im Fall Ötzi allerdings finden sich keine bzw. nur sehr geringe Spuren von Fettwachsbildung. Dies spricht eindeutig dafür, dass während des Mumifizierungsprozesses ausreichend Sauerstoff vorhanden war und ein relativ trockenes Milieu vorgeherrscht hat. Der tote Körper könnte für einen bestimmten Zeitraum frei an der Oberfläche gelegen haben und durch Sonne und Wind zunächst ausgetrocknet und erst später mit Eis und Schnee bedeckt worden sein. Dagegen spricht allerdings die Tatsache, dass weder Spuren von Insekten noch von fleischfressenden Tieren, denen er so zweifelsohne ausgesetzt gewesen wäre, nachgewiesen werden konnten.

Demnach erscheint es am wahrscheinlichsten, dass der Mann aus dem Eis sehr bald nach dem Tod von einer schützenden Schneedecke überzogen war, diese aber zugleich einen stetigen Luftaustausch ermöglichte. Einen weiteren Beleg dafür, dass die Mumifizierung im Wesentlichen durch eine Art Gefriertrocknungsprozess stattgefunden hat, ergaben nanotechnologische Untersuchungen an Gewebeproben, durchgeführt gemeinsam mit der Universität München. Sie ergaben, dass das menschliche Hauptstützprotein, das Kollagen, zwar einerseits ausgezeichnet erhalten ist, aber andererseits auch Veränderungen in der Elastizität aufweist, die sich eben am besten als Folge eines Prozesses, der im Wesentlichen einer Gefriertrocknung entspricht, erklären lassen.

Dennoch handelt es sich beim Mann aus dem Eis um eine sogenannte »Feuchtmumie«, da sich im Gewebe noch eine gewisse Menge an Feuchtigkeit befindet, die dem Körper im aufgetauten Zustand eine gewisse Elastizität verleiht. Gerade diese vorhandene Feuchtigkeit birgt nun aber Gefahren: sie bildet einen potentiellen Nährboden für Bakterien und Schimmelpilze, und bei unsachgemäßer Aufbewahrung droht Beschädigung bzw. Degradation der Mumie.

Die Konservierungsstrategie(n)

Erstes Ziel der Konservierungsstrategie musste daher sein, die Konditionen, in denen die Mumie über die vielen tausend Jahre gelagert war, annäherungsweise nachzustellen. Dazu wurde im Südtiroler Archäologiemuseum bereits zur Eröffnung im

Jahr 1998 eine spezielle Kühlzelle entworfen und installiert, in der die Mumie bei einer Temperatur von etwa –6 bis –7 °C und bei 95–98 % relativer Luftfeuchtigkeit in weitestgehend steriler Umgebung aufbewahrt und auch ausgestellt werden kann. Durch die Kombination aus Minusgraden und fast gesättigter Luftfeuchtigkeit und einer konstanten Überwachung und Regulierung der Parameter gelang es, die Mumie in einem weitestgehend stabilen Zustand zu konservieren. Zudem wurden speziell angefertigte Eisplatten aus sterilem Wasser an den Wänden der Kühlzelle angebracht, um eine möglichst gleichmäßige Temperaturverteilung in der Zelle und eine Verbesserung der Luftsättigung zu erreichen. Eine weitere Verbesserung wird dadurch erreicht, dass die Mumie in regelmäßigen Abständen mit sterilem Wasser besprüht wird und sie somit von einer feinen, durchsichtigen Eisschicht bedeckt bleibt. Durch diese Behandlung konnte ein langsames Austrocknen verhindert und der wasserbedingte Gewichtsverlust der Mumie auf ca. 1–2 g pro Tag reduziert werden. Diese temporäre Gewichtsreduktion wird durch die Sprühbehandlung jeweils wieder ausgeglichen. In regelmäßigen Abständen wird die Mumie und ihre Hautoberfläche morphologisch und fotovisuell untersucht, um eventuelle Veränderungen frühzeitig erkennen und gegebenenfalls umgehend Gegenmaßnahmen einleiten zu können. Insgesamt konnte durch stetige Optimierungen der Konservierungsbedingungen insbesondere hinsichtlich der Temperatur und Luftfeuchtigkeit eine sehr stabile Atmosphäre geschaffen werden, die für einen langfristigen Erhalt der Gletschermumie geeignet scheint.

Vorsicht Bakterien!

Trotz dieser Konservierungsbedingungen – tiefe Temperaturen und sterile Umgebung – und Vorsichtsmaßnahmen – mikrobiologische Kontrollen und ein absolut keimfreies Arbeiten an der Mumie – kann man eines nicht ausschließen: Bakterien im Körperinneren; sie könnten ein Ruhestadium eingenommen oder sich an die Kälte angepasst haben. Selbst bei einem sehr langsamen bzw. verzögerten Wachstum könnten sich diese Bakterien im Lauf der Zeit zu einem massiven Problem für den Erhalt der Gletschermumie entwickeln. Hier kommt ein weiterer wichtiger Parameter im Rahmen der Konservierungsstrategie, der gerade bei organischen Materialien im musealen Umfeld in den letzten Jahren an Bedeutung gewonnen hat, ins Spiel: die Verwendung von Stickstoff anstatt der natürlich vorherrschenden Luftatmosphäre, die neben Stickstoff vor allem Sauerstoff und einige andere Gase enthält. Gerade Sauerstoff ist ein sehr reaktives Gas und für zahlreiche oxidative Prozesse verantwortlich, die sowohl anorganische als auch biologische Materialien sehr stark schädigen können. Zudem ist Sauerstoff Lebensgrundlage für den Großteil der Lebewesen, darunter auch für Mikroorganismen wie Pilze und Bakterien, die eben eine stetige potentielle Gefahr für die Konservierung von organischen Materialien und gerade auch von Mumienfunden darstellen. Bei Stickstoff hingegen handelt es sich um ein geruch- und farbloses, nicht-reaktives Gas, das zudem im Vergleich zu den Edelgasen sehr kostengünstig erworben oder direkt aus der Luftatmosphäre gewonnen werden kann. Somit befasste sich unser Institut in Zusammenarbeit mit dem Südtiroler Archäologiemuseum intensiv mit der Frage der Machbarkeit einer Stickstoffkonservierung. Wir konnten dabei auf die Erfahrung unseres Konservierungsexperten, Marco Samadelli, zurückgreifen: als Museumstechniker war er für die Konservierung Ötzis zuständig, hat ihn von Beginn an begleitet und an der Optimierung der Kühlzelle entscheidend mitgewirkt. Fachliche Unterstützung kam des Weiteren vom Nationalen Institut für Metrologische Forschung in Turin, das bereits seit vielen Jahren für die präzise Kontrolle und Regulierung der Konservierungsbedingungen mit verantwortlich zeichnete.

Im Rahmen des Projekts musste zunächst überprüft werden, ob ein Austausch der Raumluft gegen eine reine Stickstoffatmosphäre und damit eine veränderte Zusammensetzung der Kühlzellenatmosphäre negative Auswirkungen auf die Mumie haben könnte, etwa Farbveränderungen oder leichte Schäden der Hautoberfläche in Form von Rissen oder Ähnlichem. Ebenso bedeutend war die Frage, ob eine reine Stickstoffatmosphäre unmittelbare Auswirkungen auf die komplexen Temperatur- und Feuchtigkeitsparameter haben würde, die über viele Jahre optimiert wurden, und inwiefern eine Anpassung der Konservierungseinstellungen einschließlich der praktischen Anwendungen, wie das Verwenden der Eisplatten und die regelmäßigen Sprühbehandlung, nötig werden würde.

Versuchsobjekt »Ötzi 3«

Um jegliche Gefährdung der Gletschermumie im Rahmen des experimentellen Stadiums zu vermeiden, wurde für die Vorversuche eine künstlich hergestellte Mumie verwendet. Die als »Ötzi 3« bezeichnete Leiche eines Körperspenders war bereits vor vielen Jahren am anatomischen Institut der Universität Innsbruck einem dem Mann aus dem Eis ähnlichen Mumifizierungsverfahren unterzogen worden, eben für solche Untersuchungszwecke. In einer im Museum vorhandenen zweiten, identischen Kühlzelle konnten nun gefahrlos Experimente unter Stickstoffatmosphäre durchgeführt werden. Zunächst musste aber sichergestellt werden, dass die Zelle ausreichend dicht verschlossen werden kann, um den Austritt des Stickstoffs bzw. eine Vermischung mit der normalen Luft zu vermeiden. Dazu mussten neue Dichtungen eingebaut und die Innenwände der Zelle mit einer speziellen Beschichtung versehen werden. In einem weiteren Schritt wurde gemessen, wie viel Zeit benötigt wird, um die Kühlzelle mit Stickstoff bzw. mit Raumluft zu befüllen. Diese Information war deshalb wichtig, weil Arbeiten in der Zelle bzw. an der Mumie in Zukunft nur nach einem Gasaustausch möglich wären. In der nächsten, sehr wichtigen Stufe wurde die Verteilung der Temperatur und der relativen Luftfeuchtigkeit in der Zelle während und nach dem Einfüllen des Stickstoffs gemessen. Um eine möglichst präzise Kontrolle der Parameter zu gewährleisten, wurde eine komplexe Messstation mit hochpräzisen Messinstrumenten installiert, die eine Matrix von insgesamt 76 Messpunkten ermöglichte und somit die Zelle in ihrer gesamten Höhe, Breite und Tiefe abdeckte. Des Weiteren wurde das Gewicht der Vergleichsmumie ständig kontrolliert, um einen möglichen Einfluss des Stickstoffs auf die tägliche verdunstungsbedingte Gewichtsreduktion zu erfassen. Schließlich musste noch ein neues Sicherheitssystem eingebaut werden, um eine Gefährdung des technischen Personals und der Wissenschaftler, die in der Zelle Arbeiten und Kontrollen an der Mumie durchführen wollen, auszuschließen: Die

Zelle darf erst betreten werden, sobald der Stickstoff wieder durch normale Umgebungsluft ersetzt ist, da andernfalls Erstickungsgefahr besteht.

Nach einer mehrmonatigen Testphase lagen die Ergebnisse der Messungen vor: Während des Einfüllens des Stickstoffs sind Temperatur und relative Luftfeuchtigkeit im Inneren der Zelle gleichmäßig verteilt. Die Werte für beides konnten konstant denen der Originalzelle angepasst werden. Der Gewichtsverlust der »Ötzi 3«-Mumie lag bei ca. 2,5 g pro Tag und somit in einer Größenordnung vergleichbar zur Gletschermumie, die weiterhin unter Luftatmosphäre lagerte. Erfreulicherweise konnten an der Versuchsmumie keinerlei Veränderungen der Haut oder der Oberflächenbeschaffenheit beobachtet werden. Selbst das mehrmalige Befüllen mit Stickstoff und der damit verbundene Gasaustausch in der Kühlzelle zeigte keinerlei negativen Einfluss auf die Mumie und die Konservierungsparameter. Somit konnte im Rahmen des Projekts erfolgreich gezeigt werden, dass die Umstellung der Konservierung des Ötzi auf eine reine Stickstoffatmosphäre ohne Probleme durchgeführt werden könnte. Es wäre dabei nicht notwendig, die in den letzten Jahren optimierten Werte für Temperatur und relative Luftfeuchtigkeit wesentlich zu verändern. Lediglich die erwähnten technischen Anpassungen in der Kühlzelle und die erhöhten Sicherheitsvorkehrungen für den Stickstoffbetrieb würden erforderlich. Selbst die regelmäßigen Kontrollen der Mumie und die Erneuerung der feinen Eisschicht könnten weiterhin problemlos durchgeführt werden.

Die Vorteile, die eine Stickstoffkonservierung mit sich bringen würde, sind gravierend: Potentiell schädliche foto- und auch chemisch-oxidative Prozesse ließen sich ausschließen. Ein Wachstum bzw. Überleben von aeroben Mikroorganismen, also von Bakterien und Pilzen, die von Sauerstoff leben, würde vollständig verhindert. Somit würden die Konservierungsbedingungen durch eine Stickstoffatmosphäre nachhaltig verbessert, dem Ziel des langfristigen Erhalts der Gletschermumie käme man einen großen Schritt näher. Nichtsdestotrotz müssen die Auswirkungen der Stickstoffatmosphäre auf die Mumie, auch hinsichtlich möglicher unter Sauerstoffabschluss lebender Bakterien, weiter getestet werden, bevor eine endgültige Umstellung der Konservierungsbedingungen näher in Betracht gezogen werden kann.

Zukunftsmusik

Trotz aller Bemühungen des Museums und unseres Instituts soll nicht unerwähnt bleiben, dass die Konservierung der Gletschermumie immer noch nicht zu unserer vollen Zufriedenheit gelöst werden konnte. Gerade die Tatsache, dass die Mumie im Museumsbetrieb durch ein Glasfenster und entsprechende Beleuchtung im Inneren der Zelle sichtbar bleiben soll, limitiert die Auswahl an neuen Konservierungskonzepten. So könnte der konstante Gewichtsverlust der Mumie durch ein vollständiges Einfrieren in einen Eisblock oder bei Verwendung von deutlich tieferen Temperaturen verhindert werden. Allerdings könnte man den Mann aus dem Eis dann nicht mehr in gleicher Weise betrachten, und auch wissenschaftliche Untersuchungen und Kontrollen würden deutlich erschwert oder sogar unmöglich. Daher ist die momentane Lösung zwar einerseits als Kompromiss anzusehen, andererseits wurde gerade durch die erneute Optimierung mit Hilfe der Stickstoffkonservierung die zur Zeit bestmögliche Lösung gefunden. In enger Zusammenarbeit mit allen beteiligten Einrichtungen und mit Hilfe der stetig fortschreitenden Forschung und technischen Entwicklung werden wir uns weiter intensiv mit dieser Thematik beschäftigen, um unserem Ziel, den Mann aus dem Eis für die Ewigkeit zu konservieren, näher zu kommen.

Ötzis Lebenslauf und Ausweis

Seit seiner Auffindung am 19. September 1991 beschäftigt Ötzi die Gemüter – in Öffentlichkeit und Medien wie in der Wissenschaft gleichermaßen. Mit immer neuen Forschungsansätzen und Technologien will man dem Mann aus dem Eis seine letzten Geheimnisse entlocken. In der modernen Mumienforschung geht es nicht mehr allein darum, etwas über das Leben und Sterben der jeweiligen Mumie bzw. unserer Vorfahren im Allgemeinen zu erfahren, sondern auch um Erkenntnisse, die für die moderne, insbesondere klinische Forschung und für aktuelle biowissenschaftliche und medizinische Fragestellungen relevant sein könnten. Ötzi ist hierfür ein Paradebeispiel, wie wir noch sehen werden.

Als der Gerichtsmediziner Henn die Gletschermumie noch am Fundort in Augenschein nahm, konnte er keinerlei Angaben zur Identität des Toten machen: »Mit Sicherheit kann ich nur sagen, dass er schon länger tot ist. […] [G]anz schön wäre natürlich ein Reisepass oder gravierter Ehering«, ließ er im Gespräch mit Journalisten verlauten, noch nichts ahnend, dass er keine gewöhnliche Leiche vor sich hatte. Aber auch ohne solche Dokumente ist es den Wissenschaftlern unterschiedlichster Fachrichtungen in den letzten 25 Jahren gelungen, einige gesicherte Erkenntnisse über Ötzis Person zu erlangen und seine Lebensgeschichte partiell zu rekonstruieren. Somit können wir mittlerweile zumindest einen virtuellen Ausweis vorlegen, mit Angaben zu Alter, Aussehen, Körpergröße, Herkunft und Heimat des Mannes. Sein einstiger echter Name wird allerdings für immer unbekannt bleiben.

Ein erster wichtiger Befund bestand in der Datierung der Mumie und der Ausrüstungsgegenstände: mit Hilfe der sogenannten Radiokarbon- bzw. C14-Methode legte man sich auf den Zeitraum 3350–3100 v. Chr. fest. Dies entspricht im Alpenraum der Epoche der ausgehenden Jungsteinzeit (Neolithikum) bzw. der Kupferzeit. Die Axt mit Kupferklinge, die Ötzi bei sich trug, belegt diese Datierung.

Alter und Größe

Das Sterbealter Ötzis wurde zunächst nach morphologischen Kriterien abgeschätzt, wie sie auch bei der anthropologischen Untersuchung von jüngeren Skelettfunden herangezogen werden. Dabei werden beispielsweise der Grad der Verwachsung der Schädelnähte und der Abnutzung der Zähne beurteilt sowie der Zustand der Knochen und bestimmter Teile des Skelettapparats. Allerdings gilt es zu berücksichtigen, dass die altersbedingten Veränderungen individuell stark variieren und dass andere Faktoren die Beurteilung verfälschen können. So hängt beispielsweise der Abkauungsgrad der Zähne von der Ernährung ab, und krankhafte Prozesse können die Knochenstruktur beeinflussen. In einem zweiten Schritt wurde anhand einer Probe des Oberschenkelknochens die Knochenfeinstruktur untersucht; auch hier waren typische altersbedingte Veränderungen festzustellen. Insgesamt konnte mit diesen Methoden das Lebensalter Ötzis auf einen Bereich zwischen 40 und 50 Jahren festgelegt werden. Häufig auftauchende detailliertere Angaben, etwa Ötzi sei bei seinem Tod 45 oder 46 Jahre alt gewesen, sind mit den verfügbaren Methoden und aufgrund der individuellen Variabilität bei Mumien- und Skelettfunden nicht möglich und wissenschaftlich nicht haltbar.

Die weitere anthropologische Untersuchung und Vermessung von Ötzis Knochen- und Muskelapparat ergab, dass er zu Lebzeiten etwa 1,60 m groß war und um die 60 kg wog. Durch die Trocknungsprozesse im Zuge der Mumifizierung schrumpfte der Körper auf eine Länge von 1,54 m und ein Gewicht von derzeit etwa 13 kg. Ötzi hatte einen hageren und gut trainierten, muskulösen Körper; seine Bein- und Fußmuskulatur muss er intensiv beansprucht haben, vielleicht durch ausgiebiges Laufen in bergigem Gelände. Der radiologische Befund weist in dieselbe Richtung: Ötzi litt an degenerativen Veränderungen an der unteren Wirbelsäule sowie an den Hüft- und Kniegelenken. Die Tatsache, dass seine Arm- und Oberkörpermuskulatur nicht übermäßig ausgeprägt ist, spricht dagegen, dass er dezidiert handwerklich tätig war.

Heimat

Durch den Fundort allein – wenige Meter von der österreichischen Grenze entfernt auf heute italienischem Staatsgebiet – lässt sich nicht klären, ob Ötzi in den Alpen oder südlich oder nördlich davon beheimatet war. Seine Zuordnung zu einer bestimmten archäologischen Kulturgruppe gestaltete sich in

Ötzis Lebensraum

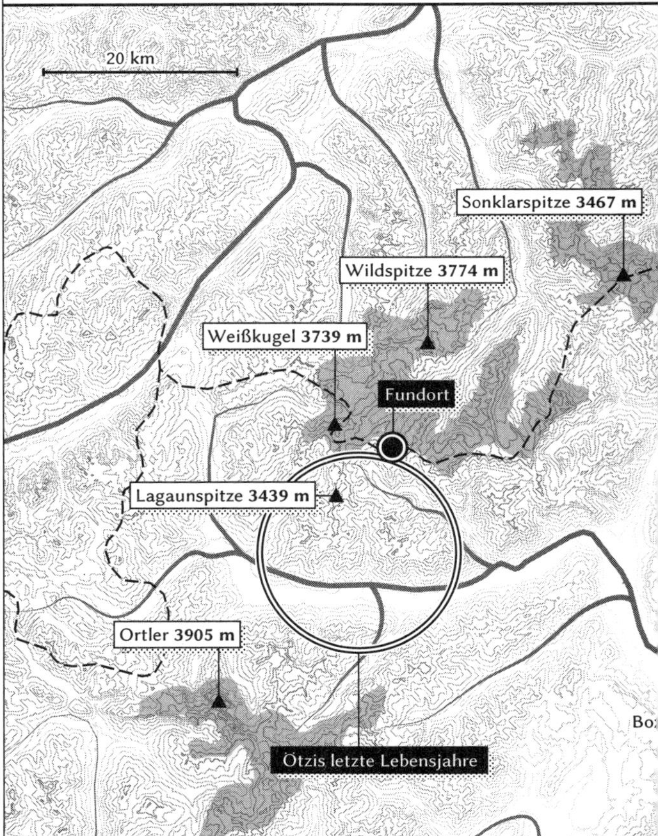

buch & töne
WEISSENBURGER STRASSE 14
81667 MÜNCHEN
TEL.: 089 - 441 094 76
info@buchundtoene.de
www.buchundtoene.de

1/12/2025 MI 13:54

ASCHENBUCH	€5.00

TEUERRATE 1	7.000%
ETTO 1	€4.67
TEUER 1	€0.33

TOTAL	**€5.00**
AR	**€5.00**

St-IdNr. DE
EDIENER 01 125331
STEUER-NUMMER: 143/122/40328

VIELEN DANK FÜR
IHREN EINKAUF!

CR Serial:B5AR100040J
SE Serial:C90B83BB23DCD7379512
6DDC04B1818A5F667639
15BE14C019E1BF96D33B
24F4

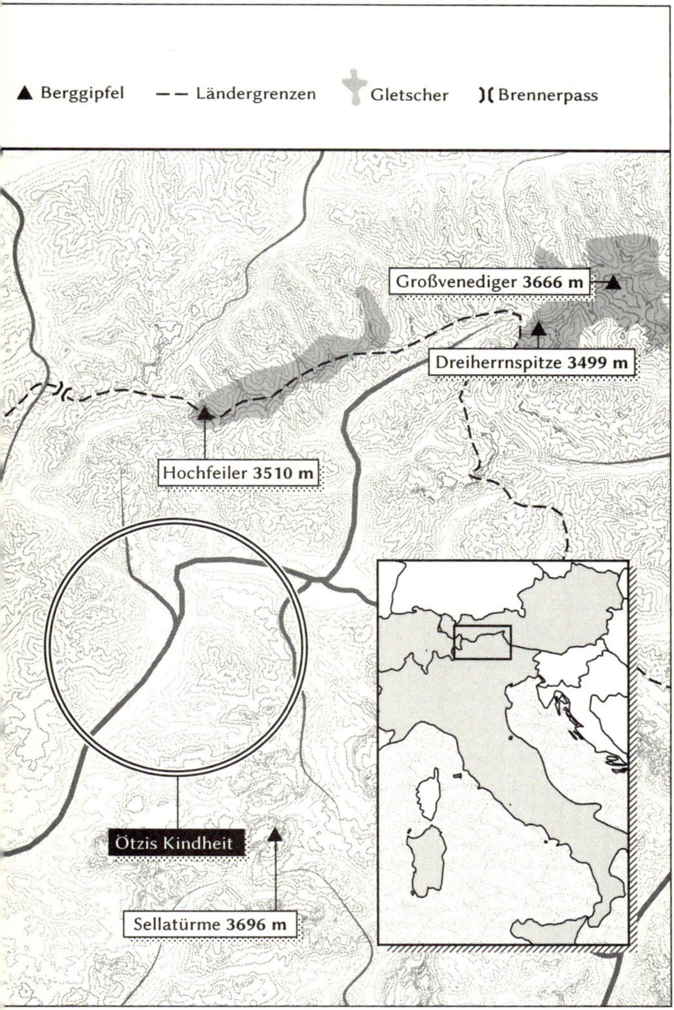

Berggipfel
Ländergrenzen
Gletscher
Brennerpass
Großvenediger 3666 m
Dreiherrnspitze 3499 m
Hochfeiler 3510 m
Ötzis Kindheit
Sellatürme 3696 m

Ermangelung von Keramiken oder Gefäßen, über die eine Zuschreibung normalerweise erfolgt, schwierig. Die Ausrüstungsgegenstände, insbesondere die Feuersteinspitzen und das Kupferbeil, weisen aber gewisse Übereinstimmungen mit Grabbeigaben aus der sogenannten Remedello-Kultur auf, die südlich des Gardasees zu verorten ist (dort liegt der Ort Remedello und das entsprechende Gräberfeld). Geochemische Untersuchungen an Zahn- und Knochenproben lieferten aber letztlich den Beleg dafür, dass Ötzi im heutigen Südtirol beheimatet war (im Bozner Archäologiemuseum liegt er heute also gleich in zweifacher Hinsicht zu Recht). Dabei wurden aus den Proben bestimmte chemische Elemente wie Strontium, Blei und Sauerstoff und ihre natürlich vorkommenden Varianten, die sogenannten stabilen Isotopen, gewonnen und analysiert. Ihr Aufbau spiegelt die geologische Zusammensetzung der Region wider, in der Ötzi gelebt hatte: Dies lässt sich damit erklären, dass Isotopen über die Nahrung und das Trinkwasser in den Körper aufgenommen werden und sich ihre Zusammensetzung nach dem Tod eines Lebewesens nicht mehr verändert. So lassen sich auch noch nach mehreren tausend Jahren Aussagen über den Lebensraum eines Individuums treffen. In den Knochen werden die Isotopen zeit des Lebens immer wieder ausgetauscht, so dass wir aus ihnen die Aufenthaltsregion in den letzten Lebensjahren erfahren können. Im Zahnschmelz hingegen verändert sich die Isotopenzusammensetzung nach dem Abschluss der Schmelzbildung im Zahn nicht mehr, so dass wir hier Hinweise auf den Lebensraum in den ersten Lebensjahren finden.

Die Isotopenanalysen brachten also das erhoffte und vielleicht auch erwartete Ergebnis: Ötzi hat tatsächlich südlich des Alpenhauptkammes gelebt. Seine frühe Kindheit hat er im oberen Eisacktal oder im unteren Pustertal verbracht und vor seinem Tod hat er mindestens noch 10 Jahre im Vinschgau gelebt – und damit nicht sehr weit von der Stelle entfernt, an der er getötet wurde. Weitere Belege für seine Ansässigkeit im heutigen Südtirol erbrachte die Analyse der Ausrüstungsgegenstände und der pflanzlichen Reste und Pollen in seinem Darm. So ergab die Untersuchung des Feuersteins bzw. des Silex, der für die Pfeilspitzen und den Dolch verwendet wurde, dass dieser aus den natürlichen Lagerstätten der Lessinischen Berge nördlich von Verona stammt.

Wo haben Sie sich in den letzten 24 Stunden aufgehalten, Herr Ötzi?

Paläobotaniker der Universität Innsbruck konnten bei Analysen der pflanzlichen Reste aus dem Darminhalt Ötzis Pollen von insgesamt mehr als 30 verschiedenen Baum- und Pflanzenarten nachweisen. Die Zusammensetzung der Baumarten war typisch für einen Mischwald, wie er auch heutzutage noch im Vinschgau und im Schnalstal vorzufinden ist. Insbesondere der Nachweis von Pollen der Hopfenbuche, ein Laubbaum, der ausschließlich am Südrand der Alpen beheimatet ist, sprach eindeutig dafür, dass sich der Mann aus dem Eis zumindest in der Zeit kurz vor seinem Tod südlich des Alpenhauptkammes aufgehalten hat.

Die Untersuchung der pflanzlichen Überreste aus Ötzis Verdauungstrakt brachte aber noch weitere spannende Erkenntnisse: Der Innsbrucker Botaniker Klaus Oeggl und sein Team unterschieden die Zusammensetzung und Verteilung der Pollen in verschiedenen Abschnitten des Darms, um zu erfahren, wo sich der Mann aus dem Eis in den letzten Stunden und Tagen vor seinem Tod aufgehalten hatte. Die Pollenmischung und die Verteilung der Anteile in den Proben aus dem Dünndarm und aus verschiedenen Bereichen des Dickdarms, d. h. dem Kolon und Mastdarm (Rektum), unterschieden sich deutlich. Nimmt man an, dass die Pollen von Pflanzen stammten, die Ötzi mit der Nahrung aufgenommen hatte, und zugleich, dass diese Pflanzen jeweils in der direkten Umgebung Ötzis wuchsen, dann lässt sich daraus schließen, dass sich im Darmtrakt Ötzis noch die Überreste von drei verschiedenen Mahlzeiten befanden. Neben zahlreichen Pollen des Weizentypus konnten auch Gerste und Adlerfarn nachgewiesen werden. Darüber hinaus fanden sich Makroreste dieser Pflanzenarten, welche z. B. die Verwendung von Einkorn, einer frühen Weizenart, belegten.

Überraschend war der Nachweis von eigentlich giftigem Adlerfarn. Daraus, dass er in den verschiedenen Bereichen des Verdauungstraktes gleichmäßig verteilt ist, kann man schließen, dass er nicht rein zufällig auf Ötzis Teller gelandet ist, sondern dass Ötzi ihn bewusst zu sich genommen hat. Sehr junge Wedel enthalten noch keine Giftstoffe, lassen sich also gut als Gemüse verzehren; zudem werden dem Adlerfarn, ähnlich wie dem Wurmfarn, wurmabtötende Eigenschaften nachgesagt. Daher liegt nahe, dass Ötzi den Adlerfarn bewusst eingesetzt hat, um seinen Darm von Peitschenwürmern zu reinigen – denn auch diese konnten in Form von Parasiteneiern nachgewiesen werden.

Bei allen drei Mahlzeiten hat Ötzi auch Fleisch zu sich genommen: Steinbock- und Hirschfleisch, wie genetische Untersuchungen von Resten in seinem Darminhalt ergaben. Tierische Proteine machten also offensichtlich einen wichtigen

Anteil an der Ernährung des Mannes aus dem Eis aus, obwohl man zunächst davon ausgegangen war, dass er sich rein pflanzlich ernährt hat.

Über die Analyse von Ötzis Darminhalt hatte man nun also Aufschluss über seine Ernährungsweise erlangt, aber nicht nur das: anhand der Verteilung der Pollen in den verschiedenen Bereichen des Darms war es nun möglich, seine letzten Wanderbewegungen zu rekonstruieren. Dafür war es nun zunächst nötig, die durchschnittliche Zeit zu bestimmen, die der Speisebrei benötigt, um die verschiedenen Bereiche des Verdauungstrakts zu passieren: 33 Stunden. Die Proben aus dem letzten Darmabschnitt, dem Mastdarm und dem unteren Dickdarm, enthielten also die Reste von Pflanzen aus der Gegend, in der sich Ötzi etwa 33 Stunden vor seinem Tod aufgehalten hatte. In ihnen fand sich ein hoher Anteil von Nadelbaumpollen, was dafür spricht, dass sich Ötzi zunächst in den Bergen, und zwar nahe der Baumgrenze, also in etwa 2500 m Höhe, aufgehalten hat. Zahlreiche Pollen der Hopfenbuche und Birken- und Haselnusspollen im oberen Dickdarm legen nahe, dass er 9 bis 12 Stunden vor seinem Tod ins Tal abgestiegen ist, möglicherweise ins nahe der Fundstelle gelegene Schnalstal oder ins Etschtal. Die Proben aus dem obersten Dickdarmabschnitt und dem Dünndarm weisen darauf hin, dass er danach wieder in Regionen mit ärmerer Vegetation aufgestiegen ist, bis auf über 3000 m, wie wir ja wissen.

Selbst wenn die einzelnen Zeitabschnitte nur auf Durchschnittswerten beruhen und die Zeitpunkte demnach um einige Stunden variieren können, steht fest, dass der Mann aus dem Eis in nur ein bis zwei Tagen aus großer Höhe abgestiegen und umgehend wieder ins Hochgebirge zurückgekehrt ist. Bedenkt man die großen Anstrengungen, die dies erfordert, und die vermutlichen körperlichen Einschränkungen aufgrund seiner Gelenkprobleme, dann ist dieses Verhalten als zumindest ungewöhnlich einzustufen. Zwangsläufig stellt sich die Frage, ob es nicht mit seinem Tod in Zusammenhang stehen könnte.

Ötzis Passbild

Für einen vollständigen Ausweis fehlen noch Angaben zu Ötzis Aussehen, quasi ein Passbild. Durch die Bauchlage auf einem Felsen sind Lippe und Nase der Mumie etwas deformiert, Haar und Augen fehlen, und insgesamt sind die Gesichtspartien im Zuge der Mumifizierung geschrumpft. Es gibt ein gerichtsmedizinisches Verfahren, das es erlaubt, das Gesicht eines Verstorbenen basierend auf dessen Schädelform zu rekonstruieren. Dieses Verfahren wird nicht allein bei vorgeschichtlichen Menschenfunden angewendet, wie beispielsweise bei Neandertaler-Skelettfunden, sondern auch in der Gerichtsmedizin zur Identifikation von bereits skelettierten Leichen, wo andere Hinweise auf die Identität fehlen. Auch wurde mit mehr oder minder großem Erfolg versucht, Skelette anhand dieser Methoden berühmten historischen Persönlichkeiten, wie beispielsweise Goethe oder Schiller, zuzuweisen.

Das Verfahren beruht auf der Erkenntnis, dass die Dicke der Haut- und Weichgewebeschichten an den verschiedenen Stellen des Schädels je nach Alter, Geschlecht und ethnischer Herkunft differiert. Die knöcherne Form des Schädels wiederum gibt die Dimension des Kopfes vor und die Stellen, an denen Nase, Mund, Augen und Ohren sitzen. Rekonstruiert man die Sinnesorgane sowie Weichgewebe und Haut entsprechend

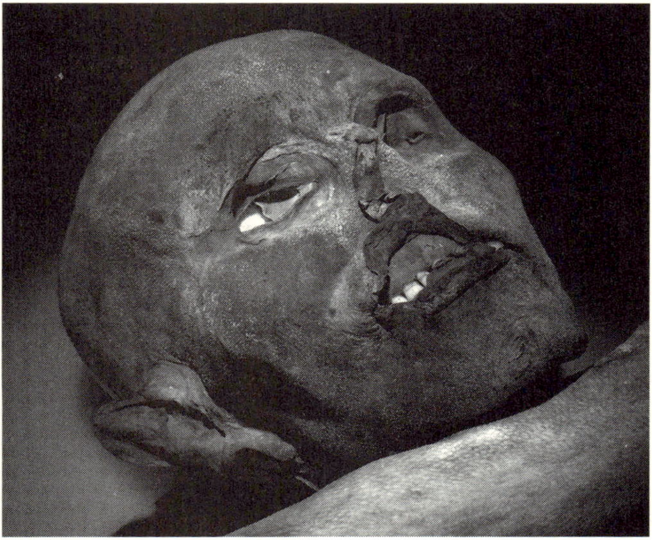

In Ötzis Gesicht zeigen sich die Spuren der Fundsituation. Durch die Bauchlage auf einem Felsen wurden die Oberlippe und die Nase deformiert.

dieses Wissens, so erhält man eine bloße Totenmaske, die aber oftmals bereits für forensische Zwecke ausreicht, um etwa eine vermisste Person zu identifizieren. Um zu veranschaulichen, wie unsere Vorfahren ausgesehen haben, genügt dieser Grad der Rekonstruktion noch nicht. So hat man sich auch im Fall Ötzis bemüht, dem Gesicht einen lebensechten Ausdruck zu verleihen. Ein solcher beruht auf der Mimik, also dem Zusammenspiel verschiedener Gesichtsmuskeln, und auf individuellen Merkmalen, wie beispielsweise Narben und Hautfalten und der Form von Nase und Ohren. Leider allerdings lässt sich deren Gestalt bzw. Ausprägung nicht anhand der geschilderten Methode rekonstruieren, so dass der entsprechende Teil der Gesichtsrekonstruktion eher eine künstlerische Umsetzung als eine wissenschaftliche Arbeit darstellt. Die eigene Vorstellung des Gestalters davon, um wen es sich bei dem Toten gehandelt haben und wie das Leben in früheren Zeiten ausgesehen haben könnte, hat somit großen Einfluss auf das Ergebnis. Sehr deutlich zeigt sich dieses Phänomen bei rekonstruierten Neandertalerschädeln: Früher hielt man sie für primitive und kriegerische Wesen, heute betrachtet man sie als eher friedfertig und glaubt, dass sie sich von uns nur durch ihre robustere Körperform unterschieden. Lebensechte Nachbildungen können also dem ursprünglichen Aussehen sehr nahekommen, ihm aber sicher nicht 1:1 entsprechen. Unsere Vorstellungskraft regen sie allemal an und sie bringen uns die Menschen, die vor langer Zeit gelebt haben, ein ganzes Stück näher.

Dies trifft in gleicher Weise auf Ötzi zu, und im Laufe der letzten 25 Jahre wurden mehrere Versuche unternommen, ihm ein Aussehen zu geben. Mehrere bei der Bergung gefundene Haarsträhnen legen nahe, dass er zu Lebzeiten etwa schulterlanges braunes Haar hatte. Auch krause Haare wurden entdeckt: sie ließen darauf schließen, dass er auch einen Bart getragen hat. Kurioserweise hat man lange angenommen, dass Ötzi blaue Augen hatte, obwohl es dafür an der Mumie gar keine sicheren Anzeichen gab. Vermutlich lässt sich dies damit erklären, dass man beim Betrachten der eingetrockneten Augenhöhlen zunächst einen geringen Grad von Pigmentierung zu sehen glaubte und daraus eine helle blaue Augenfarbe ableitete. Alle älteren Ötzi-Rekonstruktionen haben somit blaue Augen. Erst eine von unserem Institut durchgeführte Analyse des gesamten Erbguts des Mannes aus dem Eis vor mittlerweile fünf Jahren brachte Aufschluss über die wahre Augenfarbe: braun. Schon bei der noch immer dem aktuellen Kenntnisstand entsprechenden Ganzkörper-Rekonstruktion des Gletschermannes, die für eine Sonderausstellung zum 20-jährigen Fundjubiläum im Jahr 2011 für das Südtiroler Archäologiemuseum angefertigt wurde, hat man dieses Ergebnis berücksichtigt. Die Arbeit wurde von den holländischen Künstlern Adrie und Alfons Kennis ausgeführt, die über große Erfahrung in der Rekonstruktion von menschlichen Fossilien verfügen. In ihrem sehr aufwendig und handwerklich meisterhaft gearbeiteten Werk gaben sie ihrer Vorstellung vom vor über 5000 Jahren sehr beschwerlichen Leben im alpinen Raum Ausdruck. Ötzi wirkt, gemessen an heutigen Maßstäben, älter als 40–50 Jahre, sein Gesicht ist tief durchfurcht und zahlreiche graue Haare mischen sich unter seine Kopfhaare und in den langen Vollbart. Auch seine Schmerzen – aufgrund seiner Gelenkprobleme und der Magen- und Darmbeschwerden – sieht man ihm förmlich an. Der Körper hingegen wirkt äußerst athletisch und bis auf die vielleicht zu groß und üppig ausgefallenen Hände könnte er den wahren Gegebenheiten sehr nahekommen.

Sah Ötzi wirklich so aus, hat er gelitten und war er für seine Zeit schon ein alter Mann? Es ist nicht möglich, dies zuverlässig zu beantworten, allerdings scheint Ötzi zumindest noch so gut in Form gewesen zu sein, dass er innerhalb von ein bis zwei Tagen zweimal ins Hochgebirge aufsteigen konnte. Vermutlich waren abgenutzte Gelenke und Darmparasiten damals nicht außergewöhnlich – andere Skelettfunde aus der gleichen Zeit zeigen dies deutlich. Er dürfte, gemessen am damaligen Durchschnittsalter, ein recht hohes Alter erreicht haben. Die

Ötzi-Rekonstruktion im Südtiroler Archäologiemuseum.

geringe Lebenserwartung rührte nicht allein daher, dass man noch keine Antibiotika kannte und die Kindersterblichkeit extrem hoch war, sondern ist auch diversen anderen Todesursachen geschuldet: Infektionskrankheiten, Zahnabszessen, Unfällen und bei Frauen Komplikationen während Schwangerschaft und Geburt. Dennoch kann man davon ausgehen, dass es auch zu Ötzis Zeit schon Menschen gab, die weit über 60 Jahre alt geworden sind: die Schlussfolgerung, dass Ötzi mit seinen 40–50 Jahren ein alter, vielleicht sogar gebrechlicher Mann war, ist daher nicht gerechtfertigt.

Die Tätowierungen – Kunst oder Therapie?

Sie faszinieren und stellen die Forscher vor so manches Rätsel: Ötzis Tätowierungen. Zwar sind sie schon damals, bei seiner Bergung im September 1991, aufgefallen, aber sie beschäftigen uns auch noch nach 25 Jahren intensiver Forschung. Es handelt sich um echte Tätowierungen, die in die Haut geritzt und mit einer Kohlemischung sichtbar und haltbar gemacht worden waren. Da die Motive – einfache Striche oder Kreuze, oft zu Gruppen angeordnet –, verglichen mit anderen Kulturkreisen mit ihren Tierdarstellungen oder komplexen Mustern, nicht besonders ornamental wirken, kam sehr bald die Frage nach ihrer Symbolik und ihrem Zweck auf. Auffällig war, dass sie fast ausschließlich an den Beinen und am unteren Rücken angebracht waren, also in genau den Körperregionen, in denen der Mann aus dem Eis vermutlich unter ständigen oder zumindest wiederkehrenden Schmerzen litt: Schon die ersten radiologischen Untersuchungen hatten nämlich gezeigt, dass Ötzi sowohl im Bereich der Hüft- und Kniegelenke als auch in der unteren Wirbelsäule mit Gelenkarthrose zu kämpfen hatte.

Lag somit ein therapeutischer Zweck vor oder gar eine Behandlung im Sinne einer Akupunktur? Oder sollten die Striche und Kreuze die schmerzenden Stellen nur markieren, damit andere Anwendungen erfolgen konnten? Um diese Fragen beantworten zu können, war es zunächst wichtig, die genaue Anzahl und Verteilung der Tätowierungen und ihre anatomische Lage zu erfassen. Dies gestaltete sich allerdings sehr schwierig, weil nur manche der Tätowierungen deutlich auffallen, andere aufgrund der dunklen Verfärbung der Mumienhaut mit dem bloßen Auge kaum zu erkennen sind. Es sollte daher bis ins Jahr 2015 dauern, bis wir endlich durch den Einsatz moderner photographischer Methoden ihre exakte Anzahl und Verteilung erfassen konnten. Zunächst aber ein Blick zurück zur Erforschung der Tätowierungen und zu den verschiedenen Erklärungsmodellen.

1 + 2 + 2 + 24 + 2 + 18 = 49

Eine erste systematische Untersuchung der Tätowierungen erfolgte schon in den ersten Jahren nach Ötzis Auffindung, durch den norwegischen Anthropologen Torstein Sjövold. Er beschrieb die Tattoos genau, maß ihre Länge und bestimmte die exakte Lokalisation am Körper. Insgesamt kam er auf eine Zahl von 49 strichförmigen Tätowierungen, die in 16 Gruppen angeordnet waren:

- Ein Einzelstrich,
- ein Kreuz am linken Fußknöchel,
- ein Kreuz am rechten Knie,
- 24 Linien in 7 Gruppen am rechten und linken Bein,
- eine Zweierstrichgruppe am linken Handgelenk,
- 18 Striche in 5 Gruppen am unteren Rücken,

Die Striche waren zwischen 15 und 25 mm lang.

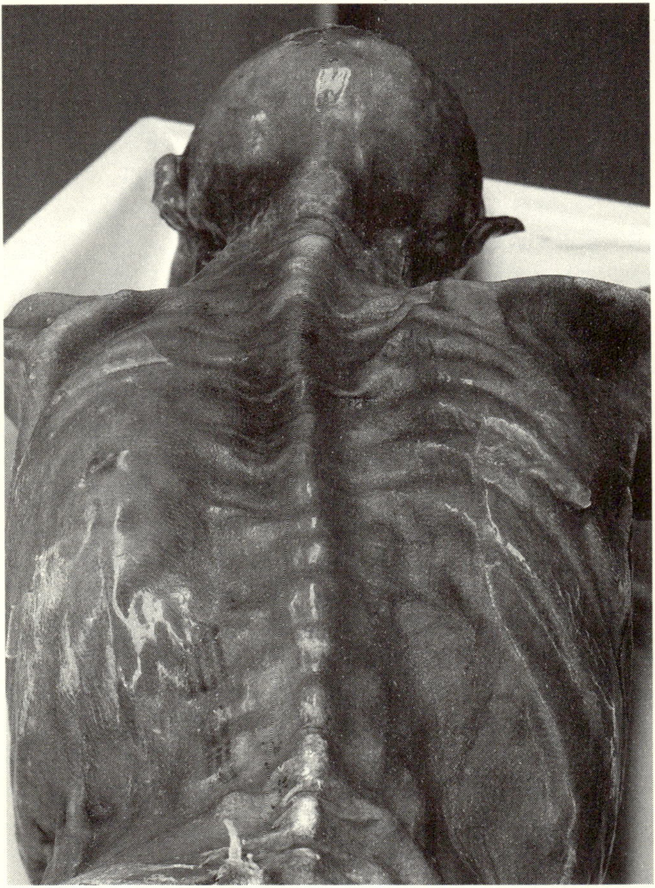

Rückenansicht: Im Bereich der linken unteren Wirbelsäule sind deutlich die strichförmigen Tätowierungen zu erkennen.

Schon damals vermutete man wegen der Lage und Verteilung der Tätowierungen einen therapeutischen Zweck, war allerdings unsicher, ob das Tätowieren selbst eine tatsächlich wirksame Schmerzbehandlung war oder ob es vielmehr eine rituelle, schamanenartige Prozedur darstellte. Eine rein dekorative Funktion schloss man aus, da die entsprechenden Körperstellen unter normalen Umständen von Kleidung bedeckt und somit nicht sichtbar waren. Andere Mumienfunde lieferten Parallelfälle: kunstvolle Schmucktätowierungen in sichtbaren Körperregionen, einfache, punktförmige Tattoos in weniger sichtbaren. Ein eindrucksvolles Beispiel ist die etwa 2500 Jahre alte Mumie eines skythischen Reiternomaden: Der Oberkörper und die Arme sind mit ornamentalen Tierzeichnungen verziert, wohingegen sich entlang der Lendenwirbelsäule einfache, punktförmige Hautmarken befinden. Auch in diesem Fall ist man davon ausgegangen, dass die einfach gehaltenen Tätowierungen zu therapeutischen Zwecken angebracht worden waren, die Ornamente hingegen symbolischen Charakter hatten.

Akupunktur – wer hat's erfunden?

Ende der 1990er Jahre bekam die Vermutung, dass die Tätowierungen des Mannes aus dem Eis im Wesentlichen therapeutischen Zwecken dienten, neuen Rückenwind, ausgelöst durch die Arbeiten einer Gruppe von deutschen und österreichischen Akupunkturärzten. Um herauszufinden, inwieweit Ötzis Tätowierungen einer mehr oder weniger komplexen Akupunkturbehandlung entsprachen, untersuchte man die Mumie erneut und bestimmte abermals die genaue Lage der

Tätowierungen, diesmal insbesondere hinsichtlich des in der Akupunktur üblichen anatomischen Relativmaßes »cun«. Dieses wird in der chinesischen Akupunktur zur genauen Lokalisation der Akupunkturpunkte benutzt und berechnet sich aus der Breite des Fingerendgelenks des Daumens oder entspricht einem definierten Bruchteil der Länge des Oberschenkel-, Unterschenkel- oder Unterarmknochens. Beim Mann aus dem Eis wurde schließlich ein cun mit 22 Millimeter berechnet. Die Auswertung dieser Untersuchung erbrachte das erstaunliche Ergebnis, dass 9 der insgesamt 16 bekannten Tätowierungsgruppen exakt oder zumindest in unmittelbarer Nähe von klassischen Akupunkturpunkten lagen. Darüber hinaus befanden sich zwei Strichgruppen auf einem klassischen Meridian. Die verbliebenen Tätowierungen lagen in etwas weiterer Entfernung des Meridiansystems – oder unmittelbar über einem arthrotisch veränderten Gelenk.

Somit wurde hier nicht nur die einfachste Form der Akupunktur angewandt, die sogenannte Locus-dolendi-Akupunktur, bei der die Stimulanz in unmittelbarer Nähe des erkrankten Körperteils durchgeführt wird, sondern es wurden auch weiter entfernte Punkte angesteuert, und sogar die komplexeste Stufe, die sogenannte konstitutionelle Akupunktur, kam zur Anwendung. Die erste und einfachste Form der Akupunktur liegt dort vor, wo mehrere Tätowierungen in unmittelbarer Nähe von Gelenken liegen, die im radiologischen Bild Anzeichen eines leichten bis mittleren Verschleißes gezeigt haben: an der Lendenwirbelsäule sowie den Hüft- und Kniegelenken. Die tätowierten Bereiche liegen hier direkt oder unmittelbar auf dem Blasenmeridian, der in der klassischen Akupunktur zur Therapie von Gelenk- und Rückenschmerzen benutzt wird. Ein weiterer wichtiger Punkt für die Schmerz-

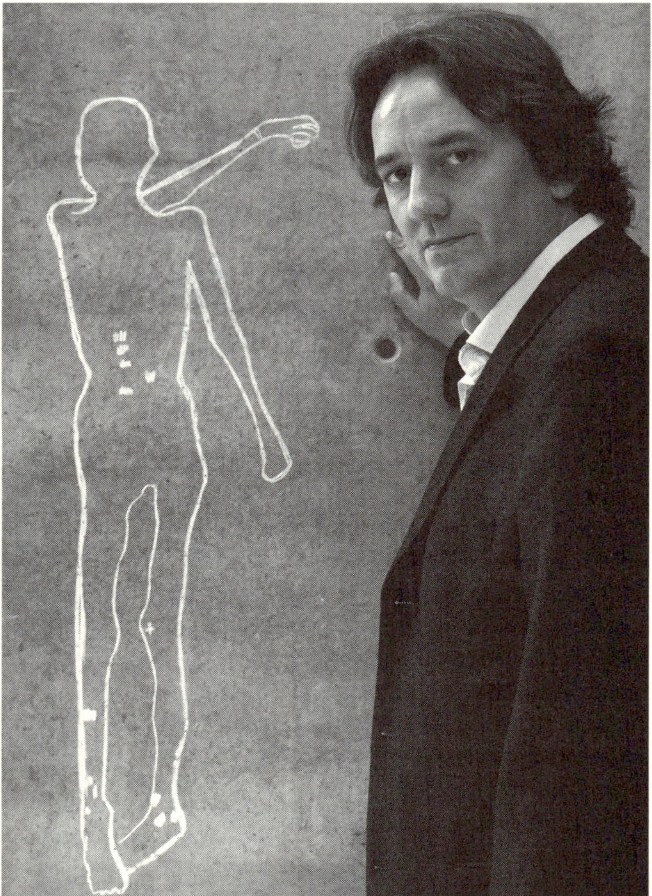

Ötzi-Forscher Albert Zink mit einer Strichzeichnung der Mumie, die die Lage eines Großteils der Tätowierungen anzeigt.

behandlung entlang des Blasenmeridians deckt sich mit dem Kreuz auf Ötzis linkem Außenknöchel. Hierbei handelt es sich um einen sogenannten Fernpunkt, also einen Akupunkturpunkt, der nicht unmittelbar in der Nähe des betroffenen Körperteils liegt und eine breitere Wirkung erzielen kann. Hinweise auf eine komplexe Form der Akupunktur leiteten die Wissenschaftler schließlich von den Tätowierungen ab, die auf der Höhe des 2. und 3. Lendenwirbelkörpers und an der Innenseite des rechten Fußknöchels liegen. Diese Bereiche decken sich genau mit zwei wichtigen Akupunkturpunkten, die zur Therapie von tiefliegenden Gelenkschmerzen und Beschwerden, die sich unter Kälteeinfluss verstärken, angewandt werden.

Diese Befunde erscheinen umso interessanter, wenn man berücksichtigt, dass der Ursprung der Akupunktur in China vor etwa 3000 Jahren liegt und dass man bislang für das zeitgleiche Europa vergleichbare Therapieformen ausgeschlossen hatte. Natürlich lässt sich nicht absolut beweisen, dass es sich bei den Tätowierungen um Akupunkturanwendungen gehandelt hat – die Hautmarkierungen könnten auch rein zufällig in der Nähe der Meridiane angebracht worden sein. Aber immerhin machte die Akupunkturstudie einen therapeutischen Zweck immer wahrscheinlicher.

Noch mehr Striche …

Bei weiteren Untersuchungen der Mumie in den Folgejahren entdeckte man neue Tätowierungen, insbesondere anhand infrarotphotographischer Aufnahmen, die noch vor dem Rücktransport der Mumie von Innsbruck nach Bozen im Januar

1998 entstanden waren. Die Anzahl erhöhte sich auf 59 in insgesamt 18 Gruppen angeordnete Striche. Die neu entdeckten Tätowierungen befanden sich ebenfalls an den Beinen und gaben somit keinen neuen Hinweis auf den Zweck der Tätowierungen.

Mit Hilfe von Gewebestanzen entnahm man Gewebe aus einigen Tätowierungen und konnte aus ihnen Erkenntnisse darüber gewinnen, wie bei der Einritzung und Anfärbung vorgegangen worden ist: Vermutlich wurden die Tattoos durch feine Schnitte in die Haut angebracht; im Anschluss wurden Ruß- bzw. Kohlepartikel in die Hautöffnungen gerieben. Bei der feingeweblichen Untersuchung der Tätowierungen fanden sich zudem Quarzkristalle, vermutlich von Steinen aus der Feuerstelle, aus der der Ruß entnommen wurde.

Trotz dieser Untersuchungen war man sich nicht sicher, ob man nun wirklich die gesamte Anzahl und Lokalisation der Tätowierungen kannte oder ob sich nicht doch noch in Hautfalten oder in den dunkleren Hautstellen weitere Tattoos verbargen. Hinzu kam, dass die älteren Infrarot-Aufnahmen nicht systematisch den ganzen Körper erfassten und noch dazu unter Zeitdruck entstanden waren – in Innsbruck musste man die Mumie für Untersuchungen aus ihrem Kühlbereich holen und die Handlungen dann entsprechend schnell vornehmen, damit sie nicht allmählich auftaute. Ganz andere Bedingungen dann nach dem Umzug 1998 in Bozen: Die Temperatur im Untersuchungsbereich des Archäologiemuseums lässt sich senken, so dass man die Mumie ausgiebig inspizieren kann. Somit fasste man den Entschluss, Ötzi noch einmal zu untersuchen und die Fragen hinsichtlich seiner Tätowierungen abschließend zu klären.

Dabei kam uns eine Methode zu Hilfe, die bereits seit einigen Jahren erfolgreich in der Untersuchung von Kunst- und Kulturgütern eingesetzt wurde: Die Multispektralfotografie gestattet Aufnahmen, die den gesamten Wellenlängenbereich des sichtbaren und nicht-sichtbaren Lichts abdecken. Bei alten Gemälden beispielsweise lassen sich damit verschiedene, unter dem mit bloßem Auge zu erkennenden Bild liegende Schichten sichtbar machen. Heute findet diese Methode breite Anwendung in der Dokumentation von Kulturgütern, aber auch bei deren Restaurierung. Sie kam nun auch beim Mann aus dem Eis zur Anwendung: sein gesamter Körper wurde mit einer speziell modifizierten Kamera Zentimeter für Zentimeter abfotografiert, um die komplette Hautoberfläche zu dokumentieren. Die Aufnahmen erfolgten im gesamten Wellenlängenbereich des Lichts, von Ultraviolett bis Infrarot. Die Bilder wurden mit einer speziellen Software ausgewertet, die es ermöglicht, die Hautoberfläche in mehreren Schichten nach weiteren Tätowierungen abzusuchen. Dadurch wurden Tätowierungen sichtbar gemacht, die man weder mit dem bloßen Auge erkennen noch durch eine Aufnahme mit nur einer Wellenlänge erfassen konnte, wie dies bei der Infrarotfotografie der Fall war. Mit großer Erwartung fieberten wir dem Ergebnis der Untersuchung entgegen. Wir wurden nicht enttäuscht: Die Anzahl der Tätowierungen stieg auf insgesamt 61 (nicht 63, da man unterdessen festgestellt hatte, dass zwei der vormals als Tattoos interpretierten Merkmale gar keine sind); neu entdeckt wurde eine Gruppe von vier Strichen auf der rechten Brustseite, am unteren Rand des rechten Rippenbogens. Wegen einer Hautfalte und der dunkelbraunen Verfärbung dieser Stelle hatte man die Striche bislang nicht erkannt. Die 19. Gruppe der Hautkennzeichnungen ist zudem die erste (und bislang einzige) auf der Vorderseite des Oberkörpers der Mumie. Des Weiteren befindet sich in unmittelbarer Nähe kein Gelenk, das Ötzi Beschwerden bereitet haben könnte.

War damit die Theorie, dass es sich um therapeutische Anwendungen gehandelt hat, vom Tisch? Nein. Denn wir wissen aus den zahlreichen Untersuchungen der Mumie, dass Ötzi nicht nur an Gelenkabnutzungen litt, sondern auch an Parasitenbefall, Arterienverkalkung und Gallenblasensteinen. Diese Krankheiten werden oft von Symptomen wie Magen- und Darmbeschwerden sowie Brustschmerzen und -stechen begleitet. Neue Ergebnisse zeigen zudem, dass Ötzi einen virulenten *Helicobacter-pylori*-Stamm im Magen hatte, der vermutlich auch wiederholte, vielleicht sogar heftige Magenschmerzen verursachte. Daher wäre es gut denkbar, dass auch die Tätowierungen auf dem vorderen Oberkörper ein Versuch waren, Schmerzen zu bekämpfen, nämlich die Beschwerden im Magen- und Darmtrakt sowie im Brustraum. Die Wissenschaftler, die in den 1990er Jahren die Akupunkturhypothese aufgestellt hatten, stimmen zu: Sie sind sich sicher, dass die neu entdeckten Tätowierungen ein weiterer Beleg für eine sehr komplexe Behandlung Ötzis im Sinne einer klassischen Akupunktur sind. Denn nicht nur die Tätowierungen auf der Brust, sondern noch zwei weitere der insgesamt vier neu entdeckten Gruppen liegen exakt auf bekannten Akupunkturpunkten.

Ob die Akupunktur-Theorie richtig ist, werden weitere Auswertungen und vergleichende Untersuchungen mit modernen Anwendungen und vielleicht auch andere Mumienfunde zeigen müssen. In jedem Fall spricht vieles für einen therapeutischen Hintergrund. Davon abgesehen ist es auch ungemein faszinierend, dass die Technik der Tätowierung bereits vor über 5000 Jahren in unseren Breitengraden bekannt war und praktiziert wurde. Wie verbreitet diese Praxis und ob sie eine gängige Behandlungsart für Beschwerden war, könnte wohl nur anhand von weiteren, um die gleiche Zeitstellung datierbaren Mumienfunden überprüft werden. Vielleicht war sie aber auch höher gestellten Persönlichkeiten vorbehalten? Ötzi wäre dann als der Anführer einer Sippe o. Ä. anzusehen. Um diese These zu erhärten, ist es nötig, mehr über Ötzis Zeit und seine Rolle in der damaligen Gesellschaft zu erfahren.

War es Mord? – Fakten und Theorien

Ein Aspekt in der Ötzi-Forschung, der Wissenschaftler, Medien und die breite Öffentlichkeit gleichermaßen in den Bann zieht, ist die Frage nach Ötzis Ableben. Sozusagen von der ersten Stunde an wurde spekuliert, gemutmaßt und nach Beweisen dafür gesucht, wie der Mann aus dem Eis im Hochgebirge zu Tode gekommen sein könnte. Anfangs waren die Hinweise spärlich, und lediglich die ungewohnte Lage der Mumie – über einen Felsen gebeugt, mit dem Gesicht nach unten und dem einen Arm seitlich abstehend – gab zu der Vermutung Anlass, dass es sich nicht um eine Bestattung handelt bzw. dass der Mann nicht bewusst an diesem Ort abgelegt worden war. Einige seiner Ausrüstungsgegenstände, wie beispielsweise der Bogen, der Köcher mit Pfeilen, sein hölzernes Tragegestell und die Kupferaxt, wurden in einer Entfernung von 3–4 m zur Mumie gefunden. Zudem lehnte der Bogen bei der Auffindung der Mumie schräg gegen einen Felsspalt, was den Eindruck erweckte, dass die Objekte buchstäblich abgestellt bzw. abgelegt worden waren.

Allerdings entging den Forschern in Innsbruck trotz intensiver Untersuchungen samt Röntgenbildern und computertomografischen Aufnahmen, dass sich in Ötzis linker Schulter eine Pfeilspitze befindet. Diese wurde erst zehn Jahre später durch den Primar der radiologischen Abteilung im Zentralkrankenhaus in Bozen, Paul Gostner, im Rahmen einer weiteren radiologischen Untersuchung entdeckt. Davor fehlten jegliche Anzeichen für einen gewaltsamen Tod, und daher setzte sich zunächst die sogenannte »Desaster-Theorie« durch, die von Konrad Spindler formuliert wurde. Laut seiner Annahme war Ötzi ein Schäfer, der mit seiner Herde in sein Dorf zurückkehrte, dort in eine Auseinandersetzung, möglicherweise einen Überfall durch eine andere Gruppe, geriet und sich dabei eine Brustverletzung in Form von Rippenbrüchen zuzog. Hierzu muss man anmerken, dass bei den frühen Röntgen- und Computertomografieaufnahmen in der Tat Rippenbrüche festgestellt wurden. Diese stellten sich später allerdings als verheilte Frakturen heraus, die sich der Mann aus dem Eis schon lange vor seinem Tod zugezogen haben musste. Spindler nahm weiter an, dass der Verletzte aus dem Dorf floh und sich in die Berge begab. Er habe noch den langen Aufstieg bis zur Fundstelle geschafft, wo er von einem Schlechtwettereinbruch überrascht worden sei. Erschöpft von dem beschwerlichen Aufstieg und ausgezehrt von seiner Verletzung und der einsetzenden Kälte, habe er in einer Felsenrinne Schutz gesucht, um sich auszuruhen, und sei dort, am Ende seiner Kräfte, eingeschlafen und erfroren. Es sei bereits Herbst gewesen und der zuvor eingesetzte Schneefall habe schnell den toten Körper bedeckt, ihn vor Insektenbefall und anderen Tieren geschützt und somit die natürliche Konservierung begünstigt, bis zur Auffindung über 5000 Jahre später. Soweit Spindlers Erklärungsmodell.

Die Desaster-Theorie klang zunächst plausibel und für die ersten Jahre nach dem Fund der Mumie sollte sie auch Bestand haben und allgemein anerkannt bleiben. Doch mit der Zeit mehrten sich die Zweifel daran und immer mehr Befunde schienen gegen einen Tod durch Erschöpfung und Erfrieren zu sprechen. Zunächst stellten die Ergebnisse einer Untersuchung des Darminhalts den Todeszeitpunkt in Frage: Die Archäobotaniker der Universität Innsbruck fanden bei ihrer Analyse eine große Anzahl von Pollen der Hopfenbuche, deren Erhaltungszustand außerordentlich gut war. Die Experten schlossen daraus, dass Ötzi die Pollen erst kurz vor seinem Tod aufgenommen haben konnte. Aufgrund der Tatsache, dass der Laubbaum nur zwischen Mai und Juni blüht, lag die Schlussfolgerung nahe, dass Ötzi im Frühjahr und nicht wie zuvor angenommen im Herbst gestorben sein musste. Dazu kamen die bereits erwähnten Rippenbrüche, die man nun als gut verheilt erkannte, womit sie nicht mehr direkt mit seinem Ableben in Zusammenhang zu bringen waren.

Die entscheidende Wende im Fall Ötzi kam aber erst nach der Überführung der Mumie von Innsbruck nach Bozen: Diese fand am 16. Januar 1998 statt und wurde unter großen Sicherheitsvorkehrungen und unter den Augen von zahlreichen Politikern, Wissenschaftlern, Medienvertretern und Schaulustigen durchgeführt. Ötzi bezog sein neues Heim in einer speziell entwickelten Kühlkammer im ersten Stock des neu gegründeten Südtiroler Archäologiemuseums in Bozen. Drei Jahre später gelang Paul Gostner der Nachweis der besagten Pfeilspitze und damit gab es den ersten konkreten Hinweis auf eine nicht natürliche Todesursache bzw. ein Tötungsdelikt. Doch wer dachte, dass die Theorie Spindlers damit vom Tisch wäre, wurde schnell eines Besseren belehrt. Eine Pfeilspitze im Rücken war noch lange kein Beweis dafür, dass Ötzi auch daran gestorben ist. Aufgrund der Lage der Pfeilspitze im Bereich der linken Schulter schloss man zunächst aus, dass beim Eindringen ein lebenswichtiges Organ verletzt worden war. Vielleicht trug Ötzi die Spitze schon längere Zeit mit sich herum und hatte diese frühere Verletzung bereits überstanden. Schließlich »haben die Menschen damals mehr ausgehalten als wir heute«, wurde Konrad Spindler sinngemäß dazu nach einem Interview zitiert. In einer Abwandlung seiner ursprünglich geäußerten Theorie wurde nun auch vermutet, dass Ötzi bei der Flucht aus dem Dorf von einem Pfeil getroffen wurde: Er habe den Schaft aus der Wunde gezogen und es noch bis ins Gebirge geschafft, wo er aber dann doch aufgrund der blutenden Verletzung zusammengebrochen und an der heutigen Fundstelle verstorben sei. Der neue Befund beflügelte nicht nur die Fantasie der Wissenschaftler, sondern insbesondere auch der Medienvertreter, die diese Meldung mit großer Begeisterung aufnahmen. Sie stellten nicht in Zweifel, dass Ötzi dem Pfeilschuss zum Opfer gefallen war, vielmehr stellten sie die Frage nach den Hintergründen der grausamen Tat in den Vordergrund. Waren es brutale Neider, die den Mann aus dem Eis zu Fall brachten, war es ein Überfall oder gar ein unglücklicher Jagdunfall, also ein Zufallstreffer? Vereinzelte Medienorgane drehten den Spieß sogar um und behaupteten plötzlich, Ötzi selbst habe gemordet: Nachdem er angeschossen worden sei und sich den Pfeilschaft herausgezogen habe, habe er sich an dem Angreifer gerächt und ihn mit seiner Kupferaxt erschlagen. Erst zwei Tage später habe er sich an einem Rastplatz in den Bergen zur Ruhe gelegt und sei dort aufgrund eines überraschenden Wintereinbruchs erfroren.

Derartige Meldungen begleiten die wissenschaftlichen Untersuchungen des Mannes aus dem Eis bis heute, und gerade die Frage nach den Hintergründen seines gewaltsamen Todes ist von besonderem Interesse; Fachwelt und die breite Öffentlichkeit gleichermaßen verfolgen die Mutmaßungen mit ungebrochener Faszination. Wie im gerade beschriebenen Beispiel kommt es immer wieder dazu, dass sich Fakten und Vermutungen zu einem undurchschaubaren Geflecht vermischen. Neue und bereits seit langem bekannte Befunde werden zu einer Geschichte vermengt, um die letzten Stunden des Mannes aus dem Eis zu beschreiben. Manche Theorien erscheinen geradezu abstrus, aber viele sind auf Basis der bekannten Fakten plausibel und lassen sich ohne neue Erkenntnisse nicht einmal widerlegen. Beispielsweise fehlen bis heute jegliche Hinweise auf den oder die Täter, da – abgesehen von der Pfeilspitze – lediglich Pfeile und Ausrüstungsgegenstände gefunden wurden, die dem Mann aus dem Eis zuzuordnen sind. Selbst der Schaft des Pfeiles, mit dem Ötzi getötet wurde, fehlt und lässt somit keine Rückschlüsse auf den Schützen zu. Nun kann man viel darüber spekulieren, wer den Pfeil abgefeuert haben könnte und aus welchem Grund auf Ötzi geschossen wurde. Fragen, die vielleicht nie endgültig beantwortet werden können und damit immer einen großen Raum für Spekulationen lassen werden.

Abstruseste Theorien

Für einen an der Mumie interessierten Laien ist es praktisch unmöglich, die wissenschaftlich basierten Fakten von der darum herum aufgebauten Geschichte zu unterscheiden, und daher mag es nicht verwundern, dass immer wieder neue Theorien zu den Hintergründen und dem genauen Hergang von Ötzis Ableben kursieren. Aus wissenschaftlicher Sicht ist es daher wichtig, geradezu kriminalistisch an diese Fragestellung heranzugehen, also sicher fassbare Erkenntnisse zu sammeln und diese für eine mögliche Rekonstruktion des Tathergangs zu verwenden. Wir sind uns dabei allerdings auch bewusst, dass die Einbettung der Fakten in eine Geschichte durchaus dazu beitragen kann, die oft komplexen Untersuchungsergebnisse zu veranschaulichen und dem interessierten Betrachter näherzubringen. Außerdem ist es überaus legitim und durchaus unterhaltsam, sich seinen eigenen Kriminalfall auszudenken und sich so Ötzis letzte Stunden auszumalen. Allerdings nur, solange man auch noch in der Lage ist, Tatsachen von Fiktion zu unterscheiden, und diese Theorien nicht als des Rätsels Lösung verkauft oder gar vermarktet.

Zurück zu den Fakten

Kehren wir zurück und betrachten die weiteren Befunde, die es uns ermöglicht haben, zumindest die genaue Todesursache und die letzten Momente Ötzis zu begreifen. Wichtig werden in diesem Zusammenhang die Verletzungen an seinem Körper: Nachdem die Pfeilspitze in der linken Schulter entdeckt worden war, inspizierte der Konservierungsbeauftragte Eduard Egarter-Vigl die Mumie gründlich; er entdeckte mehrere Wunden an der Hand und am Rücken des Gletschermannes, genauer: eine tiefe Schnittwunde an der rechten Hand, kleinere blaue Flecke am Rücken und die Wunde, die der Pfeil in Ötzis Körper hinterlassen hat, im Bereich der linken Schulter. Diese Verletzungen wurden zunächst einer detaillierten histologischen Untersuchung unterzogen, bei der mikrometerdünne Gewebeschnitte hergestellt, gefärbt und unter dem Mikroskop beurteilt wurden. Interessanterweise ergaben die histologischen Färbungen, dass die Schnittwunde an der Hand bereits mindestens zwei bis drei Tage alt war und Ötzi somit nicht unmittelbar vor dem Tod zugefügt worden sein konnte. Die Pfeilwunde wies hingegen keinerlei Heilungsspuren auf und untermauerte somit das angenommene Ableben des Mannes aus dem Eis unmittelbar nach der Pfeilschussverletzung.

Um den Erhaltungszustand des Gewebes besser beurteilen zu können und mögliche Hinweise auf Blutreste zu erhalten, wurden weiterführende Untersuchungen mit nanotechnologischen Methoden durchgeführt. Die Analysen wurden dabei mit einem sogenannten Rasterkraftmikroskop, auf Englisch *Atomic Force Microscope* (AFM), durchgeführt, das es möglich macht, die dünnen Gewebeschnitte mit einer Auflösung bis in den Mikrometer- und Nanometerbereich zu betrachten. Darüber hinaus erlaubt das AFM durch eine Interaktion mit dem Gewebe, die physikalischen Eigenschaften, insbesondere die Elastizität der Probe, zu messen. Die Art der Untersuchung zeigte nicht nur einen außergewöhnlich guten Erhaltungszustand des Hautgewebes, sondern es konnte damit zum ersten Mal Blut in Form von perfekt erhaltenen roten Blutkörperchen nachgewiesen werden. Teile von Ötzis Blut haben somit eine Zeit von 5300 Jahren nahezu unbeschadet überdauert, eine überraschende Erkenntnis, die einer wissenschaftlichen Sensation gleichkam.

Doch nicht nur die Tatsache, dass man das vielleicht älteste erhaltene Blut entdeckt hatte, war von immenser Bedeutung; dieses half auch, die Ergebnisse der histologischen Untersuchung zu bestätigen und zu erweitern. Es gab also in der Tat Blutungen in der rechten Hand und an der linken Schulter, und darüber hinaus gab es keine Zweifel mehr, dass die Handwunde bereits Heilungsspuren aufwies, die Pfeileintrittswunde hingegen so kurz vor dem Tode erfolgt sein musste, dass noch der Eiweißstoff Fibrin, ein körpereigener Klebstoff, der direkt bei Verletzungen gebildet wird, nachweisbar war. Das Vorhandensein von Fibrin im Bereich der Rückenwunde bestätigte somit endgültig, dass der Mann aus dem Eis die Pfeilschussverletzung nicht lange überlebt hat, sondern unmittelbar an deren Folgen gestorben sein musste. Es stellte sich nun noch die Frage, ob die Schnittwunde an der Hand mit der tödlichen Schussverletzung in der linken Schulter im Zusammenhang stehen könnte.

Zunächst lässt sich eine Verbindung zwischen den beiden Wunden nicht sicher herstellen; fest steht lediglich, dass zwischen beiden Verwundungen einige Tage lagen. Doch es gibt Gemeinsamkeiten: In beiden Fällen handelt es sich mit großer Wahrscheinlichkeit um Folgen eines bewaffneten Konflikts – die Gestalt der Handwunde zwischen Daumen und Zeigefinger deutet klar auf eine Abwehrhaltung. Möglicherweise wurde ein Angriff mit einem Messer oder einer Axt pariert; für eine beim Schneiden oder Schnitzen selbst beigebrachte Verletzung ist die Lokalisation eher untypisch; zudem war Ötzi vermutlich Rechtshänder – er hat daher kaum seine linke Hand zum Schneiden benutzt.

Insgesamt könnte das Verletzungsmuster an Hand und Rücken auf einen länger andauernden Konflikt hinweisen. Und doch lässt sich daraus keine verlässliche Aussage ableiten, inwieweit zwischen den Verletzungen ein inhaltlicher Zusammenhang besteht. Es kann sich genauso gut um zwei vollkommen unabhängige Ereignisse gehandelt haben, mit unterschiedlichen Motiven und Hintergründen und ohne dass sich die beiden Geschehnisse aufeinander beziehen.

Blutspuren an der Tatwaffe?

Die Entdeckung der Handwunde und die Veröffentlichung der Ergebnisse im Jahr 2003 heizte die Spekulationen um Ötzis Tod erneut an und brachten auch auf wissenschaftlicher Seite umstrittene Arbeiten zu Tage. Der mittlerweile verstorbene australische Wissenschaftler Tom Loy hatte bereits 1998 eine populärwissenschaftliche Studie veröffentlicht, in der er behauptete, deutliche Blutspuren an dem Dolch und der Axt Ötzis gefunden zu haben. In den darauffolgenden Jahren habe er die Blutspuren genetisch untersucht und so das Blut mehrerer Individuen nachgewiesen. Daraus schlussfolgerte er, Ötzi sei vor seinem Tod in einen blutigen Kampf mit mehreren Gegnern verwickelt gewesen und dabei letztendlich zu Tode gekommen. Die Geschichte wurde in einem vom Discovery Channel produzierten Dokumentarfilm spektakulär in Szene gesetzt und durch die Erläuterungen und Befunde des australischen Wissenschaftlers scheinbar gestützt. Zwar war die Darstellung der Ereignisse eindrucksvoll und plausibel, aber da die Untersuchungsergebnisse nicht wissenschaftlich publiziert wurden, regten sich in der Fachwelt berechtigterweise erhebliche Zweifel: Selbst wenn genetische Untersuchungen an Proben von den vermeintlichen Spuren an der Oberfläche der Axt und des Dolches durchgeführt worden waren, ist nicht auszuschließen, dass lediglich genetische Verunreinigungen nachgewiesen wurden. Die Spuren hätten von den zahlreichen Personen stammen können, die seit der Bergung die Fundstücke in den Händen gehalten haben. Ohne entsprechende Kontrollen, die in einer Fachpublikation üblicherweise dargelegt werden müssen, kann solcherlei Aussagen kein Glauben geschenkt werden.

Dieser Umstand wurde in den letzten Jahren zum Anlass

genommen, Kleidung und Ausrüstung des Mannes aus dem Eis erneut auf Blutspuren zu untersuchen. Neben der Frage nach der Glaubwürdigkeit der angeblichen Analysen des Australiers sollte auch der Frage nachgegangen werden, inwieweit und wie viel Blut aus der Wunde der Pfeilschussverletzung ausgetreten ist oder ob es überwiegend zu inneren Blutungen gekommen ist. Im Rahmen der Studie untersuchte man die Kleidung und Ausrüstungsgegenstände zunächst systematisch mit Hilfe einer speziellen Spurenlampe und chemischer Teststreifen auf Blutungsreste. Eine forensische Spurenlampe macht mit Hilfe von Licht unterschiedlicher Wellenlänge (UV-Bereich bis sichtbares Licht) Verfärbungen auf den beleuchteten Materialien sichtbar, auch solche, die von einer Blutspur herrühren. Unter normalen Lichtbedingungen sind diese Verfärbungen in der Regel nicht oder kaum zu erkennen. In einem weiteren Schritt wurden die dabei ausgemachten Stellen mit Hilfe hochsensitiver Teststreifen getestet: diese reagieren auf die Ringstruktur des roten Blutfarbstoffes Hämoglobin und können schon geringste Blutspuren sicher nachweisen.

Bemerkenswerterweise zeigten sich an den Werkzeugen (Axt, Dolch) bei den ersten Untersuchungen keine Hinweise auf Blutspuren. Somit konnten die früheren Behauptungen Tom Loys nicht bestätigt werden. Hingegen fanden sich mehrere Blutspuren an der Grasmatte und vor allem am Fellmantel – wahrscheinlich handelte es sich um Blut, das aus der Pfeilschusswunde ausgetreten ist, doch diese Frage ist noch nicht abschließend geklärt. Im Rahmen der noch laufenden Untersuchungen möchten wir herausfinden, ob es sich – erstens – tatsächlich um Menschenblut handelt und, falls ja, ob es – zweitens – von Ötzi stammt oder doch von einer anderen Person.

Ötzi in der Röhre

Ein weiterer wichtiger Schritt bei der Aufklärung der Todesursache des Mannes aus dem Eis war dem Entschluss der Bozner Verantwortlichen zu verdanken, die Mumie 2005 erneut computertomographisch zu untersuchen. Die technische Entwicklung auf dem Gebiet der medizinischen Bildgebung war immens und eine erneute schnittförmige Durchleuchtung versprach eine Fülle an zusätzlichen Details zum Innenleben der Mumie. Und tatsächlich: Die neuen Aufnahmen erlaubten eine genaue Betrachtung der Pfeilspitze mitsamt einer Rekonstruktion des Schusskanals und des Ausmaßes der inneren Verletzungen, die der Pfeil beim Eintritt in Ötzis Körper verursacht hatte. Man konnte deutlich sehen: Der Pfeil hatte zunächst das linke knöcherne Schulterblatt durchdrungen, ehe er ein großes blutführendes Gefäß, die Unterschlüsselbeinarterie (*Arteria subclavia*), die den gesamten Arm mit Blut versorgt, verletzte und nur wenige Millimeter neben der Lunge stecken blieb. Entsprechend war in den CT-Aufnahmen im umliegenden Gewebe ein großer Bluterguss zu erkennen. Die Verletzung durch den Pfeil muss daher zu einem erheblichen Blutverlust geführt haben, den der Mann aus dem Eis nicht lange überleben konnte. Der Beweis war erbracht: Ötzi ist unmittelbar an den Folgen des Pfeilschusses gestorben. Demnach musste er nahe der Fundstelle von diesem Pfeil getroffen worden sein. Wenn überhaupt, konnte er sich nur noch wenige Meter bewegt haben, bis er infolge des erheblichen Blutverlusts zusammenbrach.

Doch es gibt noch weitere Details, die die radiologische Untersuchung zum Vorschein brachte: Zwischen der Stelle der Blutgefäßverletzung, durch das Schulterblatt bis zur Hautober-

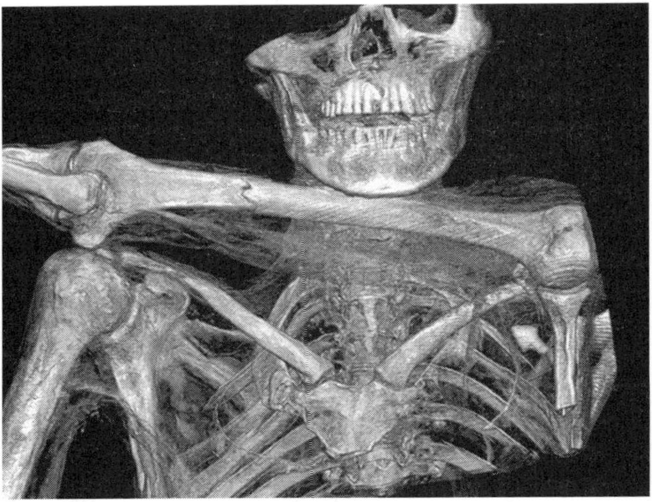

Die Computertomographie-Aufnahme zeigt unterhalb des linken Schultergelenks (rechts im Bild) die kleine Pfeilspitze.

fläche war Blut – ein Beleg dafür, dass der Pfeilschaft relativ bald nach dem Eindringen des Pfeils in Ötzis Körper herausgezogen wurde. Die Pfeilspitze muss sich dabei abgelöst haben und stecken geblieben sein. Wollte der Schütze seinen Pfeil wiederhaben, damit man ihm die Tötung nicht nachweisen konnte? Oder wollte er ihn gar wiederverwenden? Nicht auszuschließen ist, dass der Mann aus dem Eis versucht hat, sich selbst von dem Pfeil zu befreien, allerdings dürfte er die Stelle an der linken Schulter kaum gut erreicht haben. Der noch vorhandene Blutfluss verrät außerdem, dass Ötzi nach seinem Tod 5300 Jahre bis zu seiner Auffindung in der gleichen Position lag. Denn hätte man ihn bewegt, den Arm an eine andere Stelle gelegt oder die Mumie verlagert, wäre diese Blutlinie unterbrochen worden. Auch die nach oben geschobene Oberlippe und die gequetschte Nase unterstreichen die Annahme, dass Ötzi über den gesamten Zeitraum so lag und in exakt dieser Position – mit dem Körper über den Felsen gebeugt und mit dem Gesicht auf dem Stein aufliegend – mumifiziert wurde.

Erschossen oder erschlagen?

Ein weiterer interessanter Befund: Neben der Pfeilschusswunde hat der Mann aus dem Eis ein schweres Schädelhirntrauma davongetragen. Zunächst waren die Spuren einer schweren Schlageinwirkung am rechten Wangenbein und an der Schädelhinterseite zu erkennen, begleitet von dunkeln Verfärbungen im Bereich des mumifizierten Gehirns. Die in den CT-Aufnahmen schwarz erscheinenden Stellen im Bereich des rechten Großhirns sind bei heutigen Patienten, z. B. Unfallopfern, typische Anzeichen einer Hirnblutung infolge eines sogenannten Schädel-Hirn-Traumas. Eine derartige Diagnose ist nicht ohne Weiteres auf eine Mumie zu übertragen, da ähnliche Veränderungen auch nach dem Tod, beispielsweise durch Trocknungsprozesse oder Lufteinschlüsse, entstehen können. Erst einige Jahre später war es möglich, einen Beweis dafür zu liefern, dass in der Tat eine Schädel- und Hirnverletzung vorlag: Man entnahm aus den verdächtigen Bereichen im Gehirn Proben und untersuchte sie auf Blutspuren. Anhand des bereits erwähnten Rasterkraftmikroskops konnten eindeutig Blutungsreste in Form von roten Blutkörperchen nachgewie-

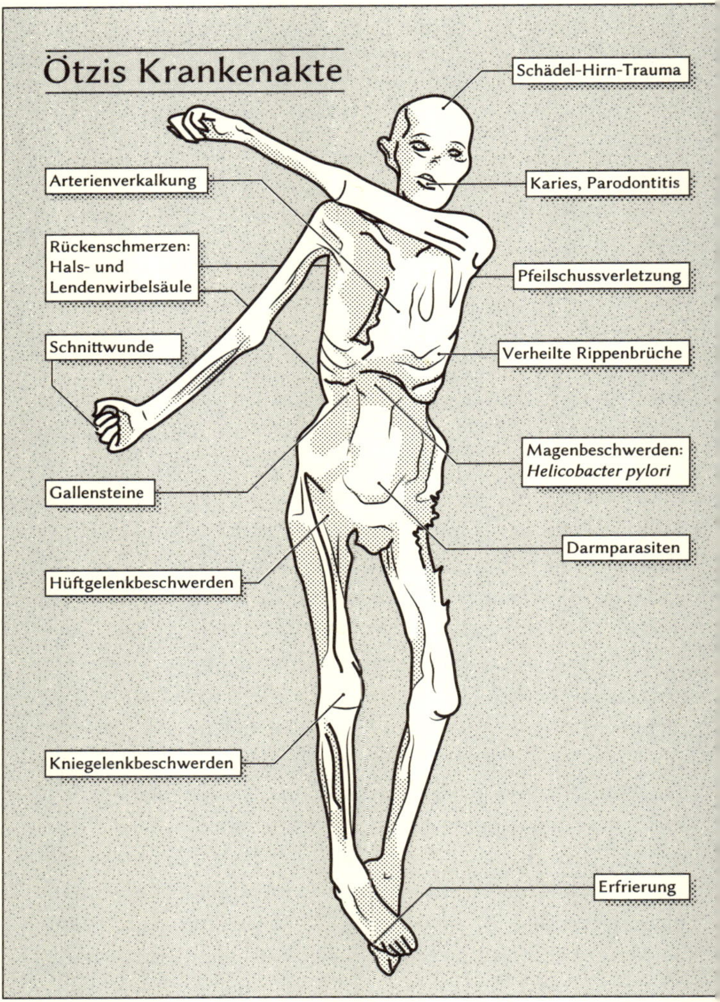
Ötzis Krankenakte
Schädel-Hirn-Trauma
Arterienverkalkung
Karies, Parodontitis
Rückenschmerzen: Hals- und Lendenwirbelsäule
Pfeilschussverletzung
Schnittwunde
Verheilte Rippenbrüche
Magenbeschwerden: *Helicobacter pylori*
Gallensteine
Darmparasiten
Hüftgelenkbeschwerden
Kniegelenkbeschwerden
Erfrierung

sen und somit zweifelsfrei belegt werden, dass eine schwere Verletzung vorlag und es sich nicht um Mumifizierungsartefakte handelte. Die Schwere und das Ausmaß des Schädel-Hirn-Traumas sprachen sogar dafür, dass diese Verletzung für sich alleine genommen schon tödlich war.

Plötzlich stand also eine weitere Todesursache im Raum und flugs kamen neue Spekulationen zu Ötzis Tod auf. Manch einer vergaß sogar die Pfeilspitze und sprach von einem Unfall, vielleicht einem Sturz. Nun belegt aber gerade der Pfeil, dass eine Tötung vorlag. Es kam die Frage auf, wie die beiden Verletzungen und die damit verbundenen Ereignisse zusammenhängen könnten. Fest steht, dass beide Verletzungen tödlich waren und daher unmittelbar vor dem Tod erlitten worden sein mussten. Also mussten sie auch zeitlich eng miteinander verknüpft sein. Jedoch ist mit pathologisch-forensischen Methoden nicht zu beantworten, welches der beiden Geschehnisse zuerst erfolgt ist. Ebenso wenig kann man ausmachen, wodurch genau es zu der schweren Kopfverletzung gekommen ist. Aufgrund der Fundsituation und des Verletzungsmusters kommen aber prinzipiell nur zwei Möglichkeiten in Frage:

1. Ötzi wurde zuerst von dem Pfeil getroffen und ist dann gestürzt und mit dem Kopf auf dem Felsen aufgeschlagen.

2. Ötzi wurde von dem Pfeil getroffen und hat unmittelbar danach einen Schlag mit einem Stein oder einem anderen stumpfen Gegenstand gegen den Kopf erlitten.

Auch wenn die genaue zeitliche Abfolge der beiden Verletzungen letztlich offenbleiben muss, hatte man nun eine Ahnung davon, wie Ötzi gestorben ist. Es stellte sich aber weiterhin die Frage, warum sich Ötzi überhaupt in den Bergen aufgehalten

Tatort Ötzi

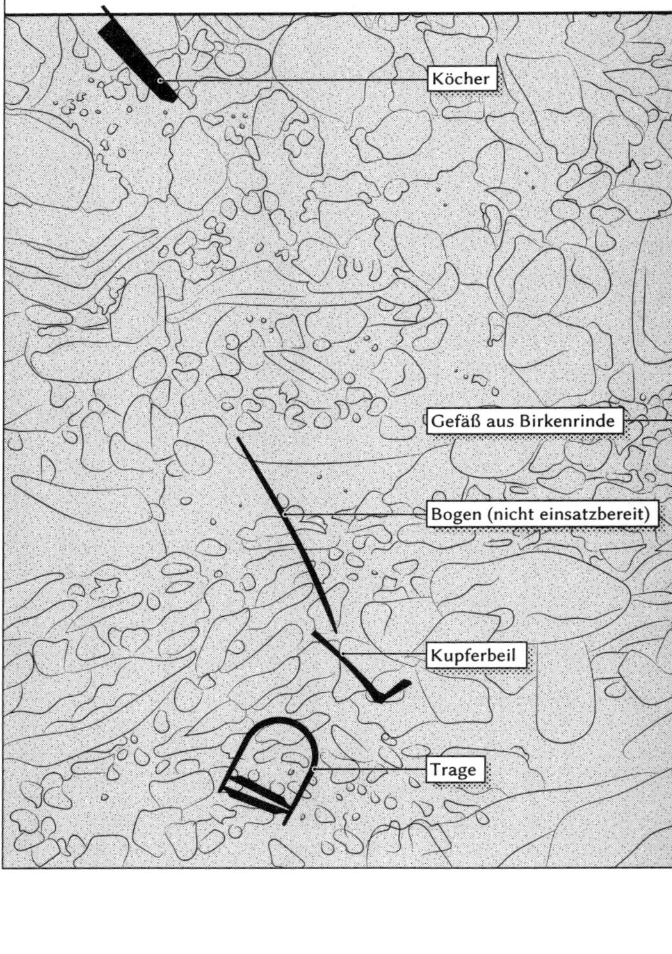
Köcher
Gefäß aus Birkenrinde
Bogen (nicht einsatzbereit)
Kupferbeil
Trage

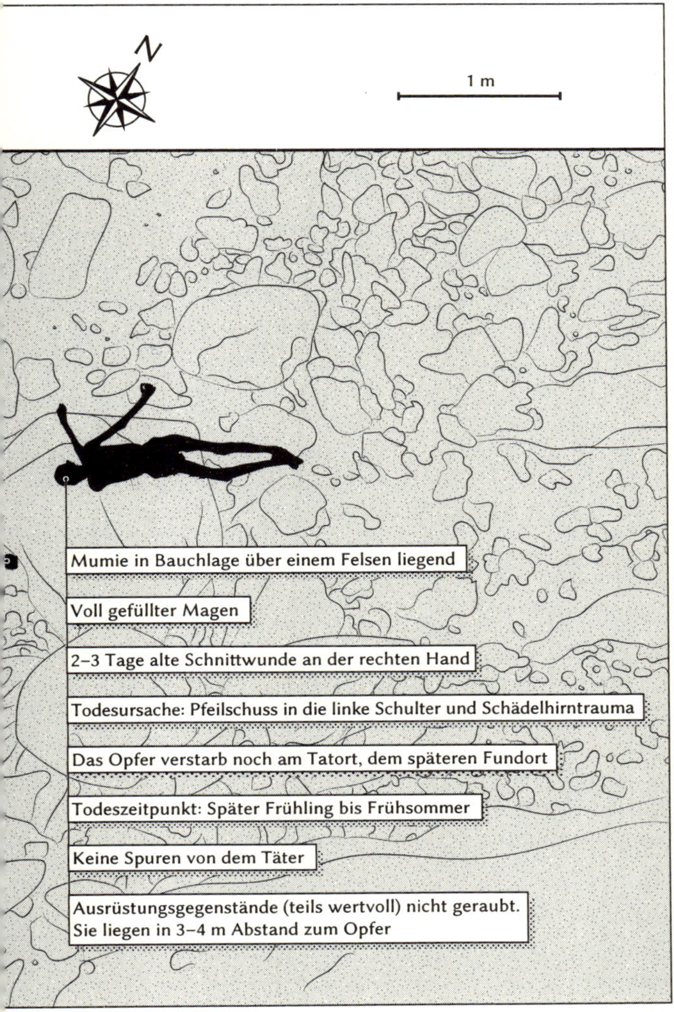
N
1 m
Mumie in Bauchlage über einem Felsen liegend
Voll gefüllter Magen
2–3 Tage alte Schnittwunde an der rechten Hand
Todesursache: Pfeilschuss in die linke Schulter und Schädelhirntrauma
Das Opfer verstarb noch am Tatort, dem späteren Fundort
Todeszeitpunkt: Später Frühling bis Frühsommer
Keine Spuren von dem Täter
Ausrüstungsgegenstände (teils wertvoll) nicht geraubt.
Sie liegen in 3–4 m Abstand zum Opfer

hat und warum sein eigener Bogen nicht einsatzbereit war. War er geflohen und wurde unmittelbar verfolgt? Oder wähnte er sich im abgelegenen Hochgebirge in Sicherheit und jemand lauerte ihm auf? Kurz: Wusste er, was ihm bevorstand, oder war er arglos? Bei diesen Überlegungen führte ein Hinweis aus einer Studie, die zunächst unabhängig von diesen konkreten Fragen durchgeführt wurde, weiter:

2010 entschloss sich der inzwischen pensionierte Primar der Radiologie in Bozen, Paul Gostner, die radiologischen Aufnahmen von Ötzi erneut auszuwerten. Dabei konnte er in mühsamer Kleinarbeit weitere Befunde zusammentragen, zur Mumifizierung, zum Erhaltungszustand, aber auch zu Ötzis Lebensumständen bis hin zu seinem Tod. Unter anderem stellte er Folgendes fest:

- Der rechte Oberarm war gebrochen, was wohl auf die unsachgemäße Bergung zurückzuführen ist.
- Im Bereich der Kniegelenke gab es Zeichen einer chronischen Mehrbelastung – der Mann aus dem Eis war also wohl sehr häufig in den Bergen unterwegs (und es somit gewohnt, sich im alpinen Raum fortzubewegen).
- Sein wohl spannendster Befund: Nach fast 20 Jahren Forschungsgeschichte entdeckte Gostner Ötzis Magen. Und nicht nur das: Er war mit Speiseresten gefüllt!

Ötzis letzte Stunden

Frühere Versuche an der Universität Innsbruck, den Magen zu lokalisieren und endoskopisch Mageninhalt zu gewinnen, scheiterten vermutlich an der relativ hohen und queren Lage des Organs hinter dem Rippenbogen. Der gefüllte Magen erlaubte nun einen völlig neuen Blick auf die Geschehnisse am Hauslabjoch vor mehreren tausend Jahren und lieferte neue Indizien zur Rekonstruktion des Tathergangs. Der neue Befund sprach dafür, dass Ötzi erst kurz vor seinem Tod eine größere Mahlzeit zu sich genommen hatte, denn im Normalfall ist der Magen spätestens ein bis zwei Stunden nach dem Essen wieder leer. Ötzi muss seine letzte Mahlzeit also unmittelbar an oder zumindest in der Nähe der Fundstelle eingenommen haben – daher erscheint es als sehr unwahrscheinlich, dass er sich in großer Eile befunden hat bzw. dass er sich unmittelbar von Verfolgern bedroht gefühlt hat. Vielmehr ist denkbar, dass er nach dem langen beschwerlichen Aufstieg eine Rast eingelegt und sich mit einer ausgiebigen Mahlzeit gestärkt hat. Der an den Felsen gelehnte Bogen, die scheinbar abgelegten Ausrüstungsgegenstände und die windgeschützte Stelle, die einen guten Blick ins heutige Schnalstal erlaubt, scheinen dafür zu sprechen, dass sich Ötzi zumindest für den Moment sicher und alleine fühlte. Ein Trugschluss, der ihm kurz darauf das Leben kosten sollte.

Doch schon befinden wir uns wiederum im Bereich der Spekulation, da wir keine verlässlichen Aussagen treffen können, ob Ötzi wirklich alleine unterwegs war oder in Begleitung und ob er von einer einzelnen Person oder vielleicht von einer ganzen Gruppe attackiert wurde. Weitere Erkenntnisse dazu könnte vielleicht eine erneute und großräumige Untersuchung der Fundstelle am Fuß des Similauns ergeben, falls es gelänge, weitere Ausrüstungsgegenstände, Kleidung oder gar menschliche Überreste zu finden. Leider gestaltet sich die archäologische Arbeit im Hochgebirge aber sehr aufwendig und kostenintensiv, so dass zum jetzigen Zeitpunkt keine weiteren Ausgrabungen geplant sind.

Wie die Ergebnisse im mutmaßlichen Kriminalfall Ötzi zeigen, lassen sich anhand der wissenschaftlichen Untersuchungen der Tathergang und einige Umstände, die im Zusammenhang mit der Tötung des Mannes aus dem Eis stehen, zunehmend rekonstruieren. Künftige Analysen und neue Verfahren werden sicher weitere Einzelheiten klären können. Und doch gibt es zahlreiche Fragen, auf die wir wohl nie eine Antwort werden geben können: Wer war bzw. waren Ötzis Mörder, was sind die Hintergründe, das Motiv der Tat? War es ein Racheakt, eine Rivalität verschiedener Gruppen oder gar ein kriegsähnlicher Territorialstreit?

Moderne Entwicklungen in der Ötzi-Forschung

Mit der Gründung des Instituts für Mumien und den Iceman an der Europäischen Akademie (EURAC) in Bozen im Jahr 2007 wurden, neben der Aufarbeitung des vorhandenen Wissens rund um den Mann aus dem Eis, verstärkt Bemühungen unternommen, neue Forschungsansätze zu entwickeln und neue Verfahren in der Ötzi-Forschung anzuwenden. In groß angelegten Projekten wurden dabei grundlegende Fragen zur Konservierung sowie zur genetischen Herkunft und Charakterisierung der Gletschermumie behandelt.

Ötzis Innenleben

Eine wichtige Frage, die Ötzi- und andere Mumienforscher seit vielen Jahren beschäftigt, ist, ob und inwieweit im Mann aus dem Eis noch Leben in Form von Mikroorganismen (Bakterien, Pilze) vorhanden ist. Es wäre durchaus denkbar, dass während der jahrtausendelangen Lagerung in Schnee und Eis sogenannte kälteliebende bzw. kältetolerante Bakterien ihren Weg in die Mumie gefunden haben. Insofern kann trotz strenger Maßnahmen, die dafür Sorge tragen, dass in der Kühlzelle sterile Verhältnisse herrschen, nicht ausgeschlossen werden, dass im Inneren der Mumie Keime vorhanden sind, die bei einer Veränderung der Konservierungsbedingungen zum Wachstum angeregt werden könnten – eine potentielle Gefahr für die Erhaltung der Mumie! Auch wenn die Mumie seit vielen Jahren weitestgehend frei von äußerlichem mikrobiologischen Befall ist und eine offensichtliche Gefährdung durch eine bakterielle Aktivität momentan ausgeschlossen werden kann, war es daher essentiell, wissenschaftliche Möglichkeiten zu finden, um eben dieses Vorhandensein an Mikroorganismen in ihrem Inneren zu prüfen und um diese, bei positivem Befund, zu untersuchen.

Zunächst wurden dem Wasser, das bei einer Inspektion der Mumie abgeschmolzen war, Proben entnommen. Diese sowie Abstriche von der Körperoberfläche und der Kühlkammer, in der Ötzi aufbewahrt wird, wurden über das klassische Verfahren der Kultivierung auf speziellen Nährböden analysiert. Dabei fanden sich Hinweise auf sehr weit verbreitete Bakterien (sogenannte Umweltbakterien), die noch lebensfähig waren und daher vermutlich eine moderne Besiedlung der Kühlanlage darstellen. Sie ist zum Glück als harmlos einzustufen.

Die ersten molekularbiologischen Untersuchungen von Gewebeproben zeigten Hinweise auf Bakterien der Gattung Clostridium. Dabei handelt es sich um weit verbreitete und unter Luftabschluss wachsende (anaerobe) Bakterien, die zum Beispiel im Erdboden, aber auch im Verdauungstrakt des Menschen vorkommen. Im weiteren Verlauf des Projekts konzentrierten wir uns auf die weitere genetische Charakterisierung der gefundenen Bakterien und gingen zunächst drei Fragen nach:

- Handelt es sich um noch lebende bzw. lebensfähige Organismen?
- Zu welchem Zeitpunkt haben die Bakterien Ötzis Körper besiedelt? – Unmittelbar nach dem Tod wird der Körper von Bakterien besiedelt, die bewirken, dass dieser verwest und so wieder dem natürlichen Kreislauf zugeführt wird. Setzt ein Mumifizierungsprozess ein, kommt es relativ schnell zu einem Stillstand des Bakterienwuchses. Es kann aber nicht ausgeschlossen werden, dass Dauerformen der Bakterien, zum Beispiel Sporen, fortbestehen. – Oder sind die Bakterien nicht unmittelbar nach dem Tod auf den Körper gelangt, sondern erst im Lauf der über 5000 Jahre am späteren Fundort oder beim Transport vom Fundort nach Innsbruck oder in Innsbruck oder beim Transport nach Bozen oder erst dort?
- Unterscheiden sich die Mikroorganismen in den verschiedenen Körperregionen und Geweben?

Um mögliche Unterschiede zu detektieren, wurden Proben aus verschiedenen Körperteilen und Organen entnommen: aus dem Mundraum, aus verschiedenen Regionen des Magens und des Darms, aus Knochen, Lunge und Haut. Die genetische Analyse dieser Proben zeigte, dass zwar die Menge und Zusammensetzung der verschiedenen Bakterienarten in den einzelnen Geweben variiert, dass aber dennoch in allen Regionen der Mumie Vertreter der Gattung Clostridium dominieren. Dies spricht dafür, dass die Besiedlung gleichmäßig und unmittelbar nach dem Ableben stattgefunden hat, bevor diese durch den einsetzenden Mumifizierungsprozess gestoppt wurde.

Um die Frage zu klären, ob es sich auch um moderne bzw.

noch aktive oder lebensfähige Bakterien handelt, wurden die genetischen Sequenzen der Bakterien auf spezifische Veränderungen, die auf Alterungsprozesse hinweisen, untersucht. Dabei zeigten sich an den genetischen Bruchstücken der Clostridien typische Veränderungen, wie man sie bei sogenannter alter DNA findet. Auch das sprach dafür, dass sich die Clostridien unmittelbar nach dem Tod zunächst vermehren konnten, es aber schließlich infolge der Mumifizierung zum Erliegen der Vermehrung der Bakterien und damit des Fäulnis- und Verwesungsprozesses gekommen ist. Die festgestellten Unterschiede in der Zusammensetzung der Mikroorganismen in den verschiedenen Körperregionen sind darauf zurückzuführen, dass die ursprünglich vorhandenen gewebespezifischen bakteriellen Gemeinschaften im Ansatz noch erhalten geblieben waren. So fanden sich zum Beispiel in den Proben aus dem Mundraum der Mumie Sequenzen einer Bakterienklasse, zu denen typische Vertreter der Mundflora gehören, wie Milchsäurebakterien.

Schließlich konnten die erzielten Ergebnisse auch noch mit den Daten aus der Gesamtgenomanalyse verglichen werden, die auf S. 86 f. im Detail beschrieben wird und zunächst für die Charakterisierung der menschlichen DNA des Gletschermanns verwendet wurde. Im genetischen Material fanden sich auch bakterielle Sequenzen, die interessanterweise eine ähnliche Verteilung zeigten wie die Proben aus den anderen Geweben. Wiederum konnte der Großteil der Sequenzen den Clostridien zugeordnet werden und nur knapp ein Viertel der Daten zeigte Übereinstimmungen mit anderen Bakterien. Darunter fanden sich aber auch potentielle Krankheitserreger, wie z. B. Borrelien, zu denen auch der Erreger der Borreliose zählt, und ein Zahnpathogen, Treponema denticulum, das an der Ausbildung von Zahnfleischentzündungen beteiligt sein kann.

Insgesamt war es mit diesem Forschungsprojekt gelungen, sich ein umfassendes Bild vom Vorhandensein von Bakterien in der Gletschermumie zu verschaffen. Die Untersuchung stellte die weltweit erste und bislang einzige detaillierte Analyse der mikrobiologischen Gemeinschaft im Fall einer Mumie dar: eine Pionierarbeit, die für weitere Arbeiten auf diesem Gebiet wegweisend sein könnte, zumal dadurch gezeigt werden konnte, dass eine Untersuchung der Mikroorganismen sowohl Erkenntnisse zu Krankheitserregern liefern als auch in Fragen der Konservierung weiterhelfen kann: Wir haben gesehen, dass bei der Suche nach dem richtigen Konservierungsumfeld nicht allein auf physikalische Parameter, wie Temperatur, Luftfeuchtigkeit, Lichtintensität, usw. zu achten ist, sondern auch auf das Auftreten von Mikroorganismen sowie auf das Zusammenspiel von verschiedenen Faktoren, die sich gegenseitig stark beeinflussen; eine Entscheidung über die richtigen Konservierungsparameter, zum Beispiel die Frage, ob eine Mumie unter normaler Luftatmosphäre oder besser in einer Stickstoffumgebung gelagert werden sollte, kann nur unter Berücksichtigung der vorhandenen Mikroorganismen adäquat getroffen werden, denn mit Blick auf das Ziel des Langzeiterhalts des Fundes gilt es zu verhindern, dass lebensfähige Formen von Bakterien, aber auch Sporen oder andere Dauerstadien infolge einer Veränderung der Konservierungsvoraussetzungen plötzlich zu wachsen beginnen und, womöglich zunächst unbemerkt, beträchtlichen Schaden anrichten. Die Untersuchungen am Mann aus dem Eis legten den Grundstein für die Entwicklung weiterer Tests, um schlussendlich die Definition von Standards zu ermöglichen, die bei der Konservierung von Mumien im Besonderen und organischen Resten im Allgemeinen weltweit zur Anwendung kommen könnten. Die in der Ötzi-Forschung angewandte komplexe Form der genetischen Analyse und die Kombination aus verschiedenen molekular- und mikrobiologischen Techniken könnte zudem auch in anderen wissenschaftlichen Bereichen, in denen mikrobielle Gemeinschaften untersucht werden, zur Anwendung kommen – von der Nahrungsmittelindustrie, einschließlich der Lagerung von Lebensmitteln, über die Biodiversitätsforschung bis zur medizinischen Diagnostik –, auch wenn die jeweils spezifischen Anforderungen und Fragestellungen natürlich eine gewisse Anpassung der Methodik erfordern.

Ötzis DNA

Gerade die genetische Untersuchung des Mannes aus dem Eis war von Beginn an eine große Herausforderung. Sie fiel in eine Zeit, in der man bereits damit begonnen hatte, zunächst aus tierischen Überresten, wie beispielsweise solchen des Quagga, einer ausgestorbenen Zebraart, und später auch aus menschlichen Skeletten, aus Funden von Knochen unserer Vorfahren und des Neandertalers, altes Erbgut zu isolieren. Man erkannte das enorme Potential, das in der Untersuchung der alten DNA lag, und wusste, dass die Erkenntnisse unser Wissen um die Evolution und Ausbreitung von Mensch und Tier erheblich voranbringen würden. Die Extraktion des alten Erbguts und dessen Vervielfältigung und Auswertung gestalteten sich in der Anfangszeit dieses Forschungszweigs sehr schwierig, da sich in alten Funden wegen des allmählichen Abbaus oft nur noch geringe Spuren von DNA finden, wenn überhaupt, und da es sehr leicht passiert, dass die Proben durch fremde, oft moderne DNA verunreinigt werden und die Untersuchungen somit zu einem falschen Ergebnis führen. Daher wurde in den ersten Jahren sehr großer Aufwand betrieben, um die Methodik zu optimieren und eine Kontamination mit frischem Erbgut zu vermeiden. Erst in den letzten Jahren hat sich die Technologie so rasant weiterentwickelt, dass Verunreinigungen heute relativ leicht als solche erkannt werden können und dass aus dem oft sehr wertvollen Probenmaterial viel mehr genetische Informationen gewonnen werden können als noch zu Beginn.

Die ersten genetischen Untersuchungen an Ötzi wurden bereits in den ersten Jahren nach seiner Auffindung durchgeführt, doch beschränkten sich diese zunächst auf kleine Abschnitte seiner mitochondrialen DNA. Das Genmaterial aus den Mitochondrien lässt sich meist besonders lange nachweisen, da sich in jeder Zelle tausend bis zweitausend dieser Zellorganellen befinden, quasi die Energiekraftwerke einer Zelle, während die Kern-DNA in jeder Zelle nur einmal vorhanden ist. Die ersten Analysen wiesen bereits auf eine europäische Abstammung Ötzis hin. Schon damals hat man erkannt, dass die Erbgutmoleküle in seinem Fall vergleichsweise gut erhalten sind.

Die Arbeiten wurden unter der Leitung des mittlerweile verstorbenen italienischen Genetikers und Anthropologen Franco Ugo Rollo von einer Arbeitsgruppe der Universität Camerino in Italien fortgeführt. Den Wissenschaftlern gelang es, die gesamte mitochondriale DNA zu analysieren und zu rekonstruieren. Da man wusste, dass das Erbgut der Mitochondrien nur von der Mutter an die Nachkommen weitergegeben wird, konnte man zeigen, dass Ötzi der Haplogruppe K angehört, einer genetischen Gruppe, die auch heute noch häufig im europäischen Raum vorkommt. Allerdings gehörte er, so ergaben die Analysen und Vergleiche, einer Untergruppe an, die mittlerweile als K1f klassifiziert wird. Unter den Proben, die das italienische Forscherteam aus der heutigen Bevölkerung genommen hatte, konnte man keinen dieser Gruppe zugehörigen Fall ausmachen. Daher äußerte man bereits damals den Verdacht, dass es heute keine Nachfahren mehr gibt, die auf Ötzis mütterliche Linie zurückgehen. In den Medien wurde diese Vermutung gerne als Gewissheit kundgetan und noch dazu über Gebühr verallgemeinert: Ötzi sei zwar eindeutig ein Europäer gewesen, es gebe von ihm aber keine lebenden Verwandten mehr. Dieser Schluss ist aber keineswegs zulässig, denn über eine Feststellung und einen Vergleich der mitochondrialen DNA wird nur die Verwandtschaft mütterlicherseits erfasst, nicht hingegen die väterliche Linie. Weiterhin bestand also die Möglichkeit, dass es heute noch Verwandte aus Ötzis väterlicher Linie gibt.

Es ist an dieser Stelle wichtig zu erläutern, dass wir, wenn wir über einen Zeitraum von mehreren Tausend Jahren sprechen, den Begriff Verwandtschaft sehr weit fassen – deutlich weiter als in unserem täglichen Sprachgebrauch, wenn wir unter der Bezeichnung Verwandte eine sehr nahe genetische oder familiäre Zusammengehörigkeit verstehen: Eltern und Kinder, Brüder und Schwestern, Onkel und Tanten, Neffen und Nichten, Cousins und Cousinen, usw. Unsereins gelingt es vielleicht, die eigene Familiengeschichte bis auf die Ururgroßeltern oder einige entfernte Verwandte zurückzuverfolgen. In Gesellschaftskreisen, in denen die Abstammung eine große Rolle spielt, wie beispielsweise im Fall der europäischen Königshäuser, sind die verwandtschaftlichen Verhältnisse meist sehr gut dokumentiert und lassen sich somit historisch sehr weit zurückverfolgen. Allerdings hat man es auch hier mit einem Zeitraum von nur ein paar hundert Jahren zu tun, noch dazu mit einer durchgehenden schriftlichen Dokumentation – und nicht um über 5000 Jahre wie im Fall Ötzis. Eine heutigen Familienstammbäumen vergleichbare durchgehende Abstammungslinie zwischen dem Mann aus dem Eis und heute zu ziehen, ist aufgrund der langen Zeitspanne und der fehlenden Informationen zu möglichen Nachkommen sowie zu seiner Zugehörigkeit zu einer bestimmten Bevölkerungsgemeinschaft und wegen des fehlenden Wissens um die Bevölkerungsentwicklung in der Region seit der Kupferzeit unmöglich – und auch nicht das Ziel der wissenschaftlichen Untersuchungen von Ötzis Erbgut. Vielmehr geht es darum, eine Verwandtschaft im weiteren genetischen Sinn zu erforschen. So kann man aus den Untersuchungsergebnissen schließen, dass heute lebende Menschen, die der Haplogruppe K angehören – also bis zu 10 % der Europäer und damit etwa 50–80 Millionen Menschen –, etwas näher mit Ötzi verwandt sind als Zugehörige einer anderen europäischen Haplogruppe.

Ötzis Erben?

Die Analyse der genetischen Marker ermöglicht, die Bevölkerungsgeschichte Europas, frühe Migrationsbewegungen und auch lokale Entwicklungen in Teilen nachzuzeichnen. In einer aktuellen Studie unseres Instituts haben wir die Haplogruppe K1 noch einmal etwas genauer in den Blick genommen (nachdem das Team aus Camerino nur mit einer kleinen Zahl an aus der heutigen Bevölkerung genommenen Proben gearbeitet hat): Wir haben 1000 rezente Proben, die alle vorab bereits der Haplogruppe K1 zugewiesen werden konnten, untersucht; ein gewisser Anteil der Probanden stammte aus Südtirol und anderen alpinen Regionen; es fand sich darunter keine einzige Übereinstimmung mit der Untergruppe K1f, welcher der Mann aus dem Eis angehörte. Wenn man davon ausgeht, dass diese mitochondriale Linie in der heutigen Bevölkerung noch existiert, wäre aufgrund der statistischen Wahrscheinlichkeit mindestens ein positives Ergebnis zu erwarten gewesen. Damit war nun statistisch erwiesen, dass die mütterliche Abstammungslinie Ötzis in der Tat ausgestorben ist. Auch ließ sich weder in der sonstigen heutigen Weltbevölkerung noch bei einer der in wachsender Zahl durchgeführten Untersuchungen von Skelettfunden aus Europa und der ganzen Welt ein Vertreter der Untergruppe K1f ausmachen. Des Weiteren konnte man aufgrund der deutlichen Unterschiede von Ötzis Untergruppe K1f zu den anderen heute noch vorhandenen Untergruppen den Rückschluss ziehen, dass seine mütterliche Linie vermutlich nur lokal im Alpenraum verbreitet war und sich demnach nicht in andere Teile Europas ausgebreitet hatte.

Doch wie sieht es mit der väterlichen Abstammungslinie des Mannes aus dem Eis aus? Darüber sollte die Untersuchung seines gesamten Erbguts Aufschluss geben, da diese auch das männliche Geschlechtschromosom, das Y-Chromsom, in den Blick nimmt, das analog zur mitochondrialen DNA eine Rekonstruktion der männlichen Verwandtschaftslinie erlaubt.

Die Rekonstruktion des gesamten Erbguts Ötzis, also seines Genoms, war zu der Zeit, als die ersten genetischen Analysen durchgeführt wurden, noch eine reine Vision. 2005 kam es aber zu einer einschneidenden Veränderung im Bereich der genetischen Methodik, die das gesamte Feld der Molekularbiologie revolutionieren sollte. Es wurden neue Geräte und Verfahren zur Sequenzierung von genetischen Informationen entwickelt, die im Englischen als »next-generation sequencing« bezeichnet wurden, zu Deutsch: »Sequenzierung der nächsten Generation«. Diese ermöglichten es nun innerhalb nur weniger Tage ein komplettes Genom zu sequenzieren – binnen kürzester Zeit fanden sie Anwendung in Klinik und Forschung und hielten bald auch Einzug in das Feld der Erforschung alter DNA. Auch hier sollte Ötzi wieder eine Art Vorreiterrolle zukommen. Der Mann aus dem Eis war die erste Mumie, an der dieses Verfahren getestet und erfolgreich umgesetzt werden konnte. Eine US-amerikanische Firma stellte uns dankenswerterweise unentgeltlich den neuesten Prototyp ihrer Sequenziergeräte zur Verfügung und unterstützte uns zudem fachlich bei der Anwendung. Als Probe wurde dem Beckenkamm der Mumie ein kleines Knochenstück entnommen; dessen Inneres wurde in das auf die Untersuchung von alter DNA spezialisierte Labor des Instituts für Mumien und den Iceman gebracht. In Zusammenarbeit mit Kollegen verschiedener Universitäten in mehreren europäischen Ländern und den USA wurde aus der Knochenprobe zunächst das Erbgut extrahiert und für die Sequenzierung bei der amerikanischen Firma vorbereitet. Schon nach wenigen Wochen wurden uns die ersten Ergebnisse übermittelt – und sie versetzten uns in helle Aufregung: Die Auswertung der Sequenzierungsdaten zeigte nicht nur einen erstaunlich guten Erhaltungszustand der Kern-DNA des Mannes aus dem Eis, sondern ermöglichte es auch, durch die Verwendung von bioinformatischen Verfahren etwa 85 % des gesamten Genoms zu rekonstruieren. Es war uns also gelungen, nach 5300 Jahren beinahe das komplette

Erbgut Ötzis wiederherzustellen, wobei betont werden muss, dass ein menschliches Erbgut aus ca. 3 Milliarden Basenpaaren besteht und damit wesentlich mehr Informationen enthält als das mitochondriale Genom mit seinen lediglich 17 000 Basenpaaren. Allein diese Tatsache war bereits eine kleine Sensation, aber die immense Bedeutung dieses Ergebnisses lag darin, dass das Erbgut sämtliche Informationen über den Iceman enthält, bis hin zu Aussehen und Körperfunktionen.

Ungeahnte Details

Nach der ersten Einschätzung des Sequenziererfolges folgte eine detaillierte und langwierige Auswertung der Geninformation, die interessante und wichtige Details zu Ötzis Aussehen und über seine Stoffwechselfunktionen lieferte, neue Einblicke in seine Herkunft und Abstammung ermöglichte und Hinweise auf Erkrankungen und Krankheitsanlagen gab:

- Mit einer Wahrscheinlichkeit von 95 % hatte Ötzi braune Augen (also keine blauen Augen, wie man zuvor angenommen hatte),
- Blutgruppe 0 und
- Laktoseintoleranz: Ötzi konnte – wie vermutlich der Großteil der damaligen Bevölkerung – keinen Milchzucker verdauen. Die genetische Veränderung, die dazu führte, dass insbesondere Bevölkerungen mit einer langen Milchwirtschaftstradition heute überwiegend laktosetolerant sind, setzte sich erst langsam über viele Generationen hinweg durch, und es dauerte etwa bis zum Mittelalter, bis beispielsweise beim Großteil der europäischen Population die Milchzuckerverträglichkeit überwog.

- Genetisch bedingt bestanden zudem einige erhöhte Krankheitsrisiken, etwa von Herz- und Kreislauf-Erkrankungen, wie Arteriosklerose, Herzinfarkt oder Gehirnschlag.

Über das Gesamterbgut und das Y-Chromosom erlangte man dann auch Aufschluss über die männliche Verwandtschaftslinie und damit auch die Bevölkerungszugehörigkeit und Abstammung Ötzis: Der Mann aus dem Eis gehörte, wie man nun wusste, einer Haplogruppe an, die – im Gegensatz zur mütterlichen Abstammungslinie, die vermutlich ausgestorben ist – heutzutage in Europa immerhin noch zu einem geringen Prozentsatz nachweisbar ist, mit einem recht hohen Anteil auf Sardinien und Korsika. Daraus lässt sich schließen, dass der Mann aus dem Eis und die Bevölkerung Sardiniens und Korsikas ursprünglich gemeinsame Vorfahren hatten, die in der Zeit des Neolithikums (Jungsteinzeit), also vor etwa 6000–8000 Jahren mit dem Beginn und der Ausbreitung von Ackerbau und Viehzucht in Europa eingewandert sind. In weiten Teilen Europas wurden die Vertreter dieser Gruppe im Laufe der Jahre offenbar ersetzt bzw. verdrängt, und nur in abgelegeneren Gebieten, wie den Mittelmeerinseln, konnten sich die Nachfahren dieser ursprünglichen Bevölkerungen bis in die heutige Zeit in größerer Zahl erhalten. Es leben also heute noch Menschen, in geringer Zahl auch in der Region Tirol, die ein vergleichbares oder sogar identisches Muster auf ihrem männlichen Geschlechtschromosom aufweisen wie Ötzi. Dennoch muss man wiederum aus wissenschaftlicher Sicht und aus den oben bereits aufgeführten Gründen davon Abstand nehmen, von einer Verwandtschaft im engeren oder gar juristischen Sinne zu sprechen, selbst wenn nach Veröffentlichung dieser Studie wieder einige Stimmen laut wurden, die von direkten Nachfahren berichteten, von männlichen Einwohnern, die eng mit dem Mann aus dem Eis verwandt und vielleicht sogar seine direkten Nachkommen seien. Es mag für den einen oder anderen enttäuschend sein, dass man den oder die direkten Nachfahren Ötzis nicht mehr erfassen kann, doch bleibt jedem, der sich einer genetischen Untersuchung unterzogen und sich gefreut hat oder stolz darauf war, mit Ötzi »verwandt« zu sein, der Trost, immerhin etwas mit ihm gemein zu haben und ihm ein wenig näherzustehen als der Rest der Bevölkerung. Am Ende war Ötzi genetisch gesehen ein früher europäischer Farmer, und somit darf er guten Gewissens als ein Urahn der heutigen europäischen Bevölkerung angesehen werden.

Ötzis »Henkersmahlzeit« und eine wissenschaftliche Sensation

Der voll gefüllte Magen Ötzis erlaubte nicht nur einen weiteren Schritt hin zur Rekonstruktion seiner letzten Lebensaugenblicke (s. S. 74 f.) sondern entpuppte sich auch aus wissenschaftlicher Sicht als wahrer Glücksfall. Wir entschlossen uns, den Mageninhalt zu analysieren, um ein möglichst genaues Bild von der Zusammensetzung von Ötzis letzter Mahlzeit zu gewinnen. Die Entnahme des Probenmaterials stellte dabei eine große Herausforderung dar, da die Gletschermumie aus konservatorischen Gründen gefroren ist und der Eingriff somit ein vollständiges Auftauen erforderte. Zudem stand die Frage im Raum, wie man in das Innere der Mumie vordringen sollte, ohne größeren Schaden anzurichten: Einen Schnitt durch den Oberkörper wie bei einer Autopsie schlossen wir nachvollziehbarerweise von vorneherein aus; so blieb einzig die Möglichkeit, mittels eines Endoskops über den Mund- und Rachenraum eine Magenbiopsie zu entnehmen, oder dafür einen bereits seit einer vorherigen Probenentnahme angelegten, bestehenden Zugang zu benutzen. Ein endoskopischer Zugang über den Mund und die Speiseröhre erwies sich hingegen als nicht durchführbar. Am Ende kam uns etwas eigentlich Bedau-

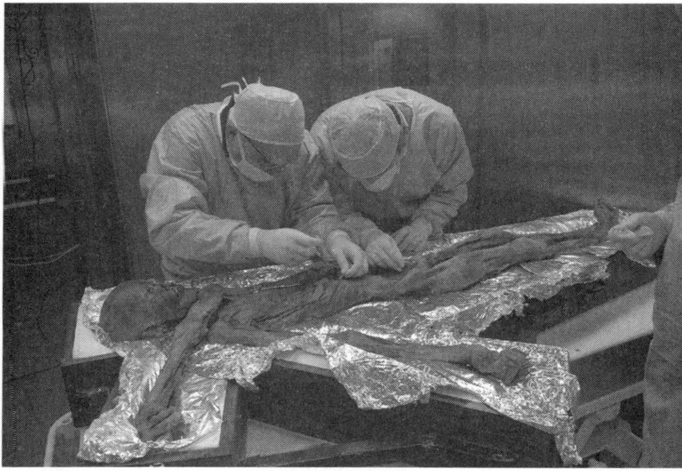

Eduard Egarter-Vigl und Albert Zink bei den Vorbereitungen zur Entnahme von Proben aus dem Magen Ötzis.

erliches zugute: In den ersten Jahren nach seiner Auffindung hatte der Mann aus dem Eis an der Universität in Innsbruck sehr viele Untersuchungen über sich ergehen lassen müssen, bei denen zahlreiche Gewebeproben aus unterschiedlichen Körperregionen entnommen wurden. Im Rahmen einer dieser Behandlungen wurde auch ein mehrere Zentimeter breiter, querverlaufender Schnitt etwas unterhalb des Brustkorbs durchgeführt. Dieser ermöglichte es unserem Forscherteam nun letztendlich, Ötzis Magen zu lokalisieren und Probenmaterial zu entnehmen.

Der Iceman taut auf

Vor dem Eingriff wurde die Mumie langsam über Nacht aufgetaut und durch eine spezielle, maßgefertigte Ganzkörperschale in Form gehalten. Das Wiedereinfrieren erfolgte unmittelbar nach Abschluss der Beprobung und verlief problemlos, so dass der Mumie am Ende kein Schaden zugefügt wurde, von den wenigen fehlenden Stücken des Mageninhalts natürlich abgesehen. Nun stand die wissenschaftliche Analyse der Magenproben an, die sich im Laufe der letzten Jahre zu einem großen internationalen Forschungsprojekt entwickelte. Kooperationspartner aus Europa bis Australien, USA und Singapur boten ihre Unterstützung an, um Ötzis Mageninhalt bis ins letzte Detail zu erforschen. Zunächst stand die Frage im Vordergrund, was der Mann aus dem Eis kurz vor seinem Tod gegessen hatte, wie sich also sein letztes Mahl zusammengesetzt hat.

Der Mageninhalt

Beim Betrachten der Proben fiel als Erstes auf, dass ein Teil des Mageninhaltes eine faserige und fast humusartige Konsistenz mit einer braunen bis schwarzen Farbe aufwies, wohingegen ein anderer großer Bestandteil aus einer fettartigen, weißlichen Masse bestand. Die hellen Bestandteile waren wasserabweisend, was darauf hindeutet, dass es sich um eine fettartige Substanz handeln musste, wobei zunächst unklar blieb, ob man es eher mit tierischem oder aber mit pflanzlichem Fett zu tun hatte. Die Beurteilung der Proben unter dem Mikroskop bestätigte diese Annahme und zeigte darüber hinaus, dass das dunkle, faserige Material überwiegend aus Muskel- und damit Fleischfasern bestand (die Proben wiesen die für Muskelfasern typische feingerillte Oberfläche auf). Eine Zuordnung zu einer bestimmten Tierart ließ sich allerdings nicht unmittelbar ableiten. Des Weiteren fanden sich im mikroskopischen Bild auch Hinweise auf pflanzliche Überreste, wie beispielsweise einige Teile von Getreide: Getreidespelzen und Fruchtschalen des Weizens.

Zur weiteren Identifikation der Fleischreste untersuchte man den Mageninhalt im Anschluss genetisch: über einen spezifischen Marker konnte man einen Teil der Fleischfasern dem Steinbock zuordnen. Weiterführende und tiefergehende genetische Analysen belegten zudem, dass Ötzi auch Hirschfleisch zu sich genommen hatte.

Ötzis Kochkünste

Doch wie hatte der Mann aus dem Eis sein Essen zubereitet – und überhaupt: in welcher Form hatte er es mit sich geführt? Dass er noch kurz vor seinem Tod erfolgreich gejagt haben sollte, glaubten wir ausschließen zu können, da er keinen funktionierenden Bogen und nur wenige einsatzbereite Pfeile bei sich trug. Hilfe zur Beantwortung dieser Frage kam erneut aus der Nanotechnologie, die uns zuvor bereits ermöglicht hatte, intakte rote Blutkörperchen des Gletschermannes nachzuweisen: Mit Hilfe des Rasterkraftmikroskops konnte die Oberflächenstruktur der Fleischfasern untersucht werden; dabei zeigte sich ein noch fast intaktes quergestreiftes Muster, das typischerweise nur bei rohen oder getrockneten Muskelfibrillen erhalten ist, wohingegen eine Hitzebehandlung durch Kochen oder Grillen zu deren Verschwinden führt. Ötzi hat demnach kurz vor seinem Ableben eine große Menge an Steinbock- und

Hirschfleisch zu sich genommen, das er vermutlich in getrockneter Form mit sich geführt hatte. Man kann zwar nicht prinzipiell ausschließen, dass er das Fleisch in roher Form mit sich gebracht hat, allerdings erscheint dies vor dem Hintergrund begrenzter Haltbarkeit von Frischfleisch wie auch des deutlich höheren Gewichts als sehr unwahrscheinlich.

Bei der weiteren Betrachtung der fettartigen Substanz in Ötzis Magen kam die Vermutung auf, dass er vielleicht auch eine größere Menge Käse zu sich genommen haben könnte. Bislang ist wenig bekannt, inwieweit in der Kupferzeit im Norden Italiens bereits Käse hergestellt und verzehrt wurde, und daher wartete man mit großer Spannung auf das Ergebnis der Magenanalyse. Die durchgeführte biochemische Fettanalyse konnte allerdings die geäußerte Annahme nicht bestätigen; stattdessen wurde die weißliche Substanz aus dem Magen eindeutig als Fleischfett charakterisiert. Ötzi hatte also Fleisch mit einem relativ großen Fettanteil zu sich genommen, vielleicht eine Art Speck – damit hätte man in Ötzis Magen Spuren eines Ur-Specks, also eines Vorläufers des heute noch so beliebten und im alpinen Raum weit verbreiteten Produktes entdeckt!

Das lästige Bakterium

Die Erbgutanalyse des Mannes aus dem Eis hatte gezeigt, dass nicht nur der Körper der Mumie und ihre Organe außerordentlich gut erhalten geblieben sind, sondern auch die biochemischen Bausteine. Daher war die Hoffnung groß, nun auch im Magen genetische Überreste von Bakterien, möglicherweise sogar von potentiellen Krankheitserregern zu finden. Ein Kandidat war dabei der Magenkeim *Helicobacter pylori*, ein Bakterium, das in etwa der Hälfte der Weltbevölkerung im Magen zu finden ist und bei 10 % der Träger zu ernsthaften Beschwerden führt, die sich in Form von Magenschleimhautentzündungen (Gastritis), Magengeschwüren bis hin zu Magenkrebserkrankungen manifestieren können. Frühere Studien hatten bereits gezeigt, dass der Mensch das Bakterium vielleicht schon seit über 100 000 Jahren in sich trägt, sozusagen seit seinem Anbeginn. Man konnte rekonstruieren, dass sich der Magenkeim zusammen mit seinem Wirt, dem Homo sapiens, über die ganze Welt ausgebreitet hat und seine Entwicklung somit im Grunde ein Abbild der Menschheitsgeschichte darstellt. So finden sich heute in den verschiedenen Gegenden der Welt geografisch genau zuordenbare Stämme dieses Bakteriums, die entsprechend in europäische, afrikanische, asiatische usw. Gruppen zusammengefasst werden.

Daher lag nun also nahe, dass auch der Mann aus dem Eis das Bakterium in sich getragen hat. Die ersten Versuche, *Helicobacter pylori* direkt in Ötzis Magenwand nachzuweisen, schlugen allerdings fehl, da die Magenschleimhaut, in der man bei heutigen Patienten den Nachweis üblicherweise führt, sich nicht erhalten hatte (der Magen hat im Zuge der Mumifizierung nur als eine Art Hülle überdauert). Ein spezifischer genetischer Test brachte dann aber die Gewissheit: in Ötzis Mageninhalt waren tatsächlich Spuren des Bakteriums nachweisbar. Aufgrund des positiven Ergebnisses wurde nun eine aufwendige Studie gestartet, in der mit modernsten genetischen Verfahren zunächst das gesamte Erbgut aus der Magenprobe isoliert und daraus alle *Helicobacter-pylori*-spezifischen DNA-Abschnitte gefiltert wurden. Im nächsten Schritt wurden mit Hilfe der bereits bei Ötzis Genomanalyse verwendeten Methode die angereicherten Erbgutabschnitte des Magenbakteriums sequenziert und einer intensiven bioinformatischen Auswertung unterzogen. Nach monatelangen Analysen und Diskussion innerhalb der Forschergruppe lag das Ergebnis auf dem Tisch – und es hielt einige Überraschungen bereit: Es war uns in der Tat gelungen, fast das komplette Erbgut eines 5300 Jahre alten *Helicobacter pylori* zu rekonstruieren. Dabei zeigte sich, dass es sich um einen potentiell hochvirulenten Stamm gehandelt hat, der auch für heutige Patienten ein deutlich erhöhtes Risiko einer ernsthaften Magenerkrankung mit sich bringen würde. Und tatsächlich: Im Mageninhalt des Mannes aus dem Eis fanden sich sogar Hinweise auf eine Entzündungsreaktion seines Immunsystems auf den Magenkeim, in Form spezifischer Eiweißstoffe, die bei einer Besiedlung des Magens ausgeschüttet werden. Ob Ötzi aber wirklich an einer Magenerkrankung bzw. an Magenproblemen gelitten hat, lässt sich aufgrund der fehlenden Magenstruktur leider nicht mehr beantworten. Es ist aber sehr wahrscheinlich.

Die größte Überraschung lieferte die geografische Zuordnung des *Helicobacter pylori* aus Ötzis Magen: Es handelte sich zu unserer großen Verwunderung nicht um einen typischen europäischen Stamm, sondern um eine Variante, die heute überwiegend in Zentral- und Südasien vorkommt. Da in vorherigen Untersuchungen eindeutig gezeigt wurde, dass Ötzi südlich der Alpen aufgewachsen ist und dass er auch nicht asiatischer Herkunft war, musste es andere Gründe dafür geben. Die Lösung lag in der Entwicklungsgeschichte der Magenbakterien, die eng mit den frühen Wanderbewegungen der Menschen gekoppelt ist: Der heutige, moderne europäische *Helicobacter-pylori*-Stamm muss aus einer Vermischung eines jeweils ursprünglich afrikanischen und asiatischen Stammes entstanden sein. Bislang hatten die Experten vermutet, dass

Meilensteine der Ötzi-Forschung

1992	Erste anthropologische Befunde zum Alter und zur Körperhöhe
1994	Erste genetische Untersuchung
1996	Peitschenwurmeier werden im Darm nachgewiesen.
1999	Die Tätowierungen werden mit Akupunktur in Verbindung gebracht.
2001	Die Pfeilspitze in Ötzis Rücken wird entdeckt.
2003	Erkenntnisse zu Ötzis Herkunft und »Wohnort«: Ötzi stammt aus dem heutigen Südtirol und lebte dort bis zu seinem Tod.
2006	Erkenntnisse zu körperlichen Belastungen: Ötzi wanderte viel; vermutlich war er kein Handwerker.
2007	Nachweis von Sterbeort und Todesursache: Ötzi starb unmittelbar an der Fundstelle durch einen Pfeilschuss und eine Kopfverletzung.

dieser Prozess bereits vor mindestens 10 000 Jahren erfolgt war und dass bei der Besiedlung Europas vor etwa 7000–8000 Jahren die ersten Ackerbauern und Viehzüchter bereits den europäischen Stamm in sich trugen. Doch Ötzi lehrt uns, dass gerade das nicht der Fall gewesen sein kann: vermutlich kam es erst nach seiner Zeit, also in den letzten 5300 Jahren, zur Vermischung der ursprünglich afrikanischen und asiatischen Bakterienstämme. Dies zeigt wiederum, dass sich die Besiedlungsgeschichte Europas wesentlich komplexer gestaltete als man noch vor einigen Jahren angenommen hatte.

2007	Rekonstruktion von Ötzis letzten Wanderungsbewegungen; Nachweis des Sterbezeitpunkts (Frühsommer)
2008	Das komplette mitochondriale Erbgut wird entschlüsselt.
2012	Vollständig erhaltene rote Blutkörperchen werden entdeckt.
2012	Ötzis Erbgut wird entschlüsselt: Er hatte braune Augen, war Laktose-intolerant und neigte zu Herz-Kreislauf-Erkrankungen.
2013	Erkenntnisse zu weiteren Erkrankungen: Ötzi litt an Karies und Parodontose.
2015	Untersuchungen zu Ötzis Tätowierungen: 61 Tätowierungen in 19 Gruppen, nur eine davon auf der Brustseite.
2016	Der Magenkeim *Helicobacter pylori* wird nachgewiesen.
2016	Statistische Untersuchungen legen nahe, dass Ötzis mütterliche Linie ausgestorben ist.

Mit der Untersuchung des Mageninhaltes der Gletschermumie wurde ein neues Kapitel in der Ötzi-Forschung aufgeschlagen. Es konnten nicht nur Informationen über die Zusammensetzung seiner letzten Mahlzeit gesammelt werden, sondern es ist uns darüber hinaus gelungen, wichtige Einblicke in die Evolution eines Krankheitserregers zu gewinnen und damit sogar Rückschlüsse auf die menschliche Bevölkerungsgeschichte zu ziehen. Vergleichbar überraschende Ergebnisse zeigten und zeigen sich auch in der Erforschung von Ötzis Erbgut: Neben den interessanten Informationen über

Ötzi selbst, sei es über die Blutgruppe, die Augenfarbe und seine Laktoseintoleranz, gewinnen wir aus den Analysen immer weitere Einblicke in das Leben der frühen Europäer und ihre Wanderbewegungen.

Ötzi als Vorreiter

Immer wieder wurde und wird Ötzis große Bedeutung für die Wissenschaft deutlich, immer öfter wird er zu einem wichtigen Mosaikstück in groß angelegten Studien oder gibt gar selbst Anstoß für weiterführende und wichtige Forschungsprojekte, die auch für den heute lebenden Menschen von Bedeutung sein können: Die Entwicklung und Ausbreitung von *Helicobacter pylori*, einem der weltweit häufigsten Krankheitserreger, wird in weiteren Studien vertieft werden. Ziel ist, das Bakterium insgesamt besser zu verstehen, um möglicherweise sogar neue Behandlungsstrategien ableiten zu können. Die Untersuchung von genetischen Krankheitsveranlagungen, wie zum Beispiel die Prädisposition für Herz- und Kreislauf-Erkrankungen, wie sie bei Ötzi festgestellt wurde, in weiteren Mumien anderer Kulturen und Epochen könnte uns das Zusammenspiel von Umwelt und Veranlagung bei den heute so weit verbreiteten »Zivilisationskrankheiten« besser verstehen lassen. Auf dieser Basis ließen sich neue und bessere Behandlungs- und Vorsorgestrategien entwickeln.

Auf die oft gestellte Frage »Was gibt es denn nach 25 Jahren Forschung bei Ötzi überhaupt noch zu entdecken?« kann es daher nur eine Antwort geben: »All das und vielleicht noch ein bisschen mehr.«

Lektüretipps

Informationen rund um den Mann aus dem Eis

Angelika Fleckinger: Ötzi, der Mann aus dem Eis. Alles Wissenswerte zum Nachschlagen und Staunen. Bozen/Wien: Folio, 2014.
Marco Samadelli: ICEMAN photoscan. München: Fritz Pfeil, 2009.
Gudrun Sulzenbacher: Die Gletschermumie. Mit Ötzi auf Entdeckungsreise durch die Jungsteinzeit. Bozen/Wien: Folio, 2015.

Archäologie und Ötzi

Alexander Hesse: Deutschlands Supergrabungen. Darmstadt: Theiss/WBG, 2012.

Mumien allgemein

Alfred Wieczorek / Wilfried Rosendahl (Hrsg.): Mumien. Der Traum vom ewigen Leben. Darmstadt: Philipp von Zabern/WBG, 2015.
Albert Zink: Die Welt der Mumien. Von Ötzi bis Lenin. Darmstadt: Philipp von Zabern/WBG, 2012.